U0964911

中国体育的媒介镜像

叙事学视角下体育报道的话语变迁

王士宇　著

WA 世界知识出版社

图书在版编目(CIP)数据

中国体育的媒介镜像:叙事学视角下体育报道的话语变迁/王士宇著.—北京:世界知识出版社,2015.6

ISBN 978-7-5012-4973-2

Ⅰ.①中… Ⅱ.①王… Ⅲ.①体育—新闻报道—研究—中国 Ⅳ.①G212.2

中国版本图书馆 CIP 数据核字(2015)第154140号

书　　名	中国体育的媒介镜像:叙事学视角下体育报道的话语变迁 Zhongguo Tiyu de Meijie Jingxiang: Xushixue Shijiao Xia Tiyu Baodao De Huayu Bianqian
作　　者	王士宇
责任编辑	柏　英
责任出版	王勇刚
责任校对	陈可望
出版发行	世界知识出版社
地址邮编	北京市东城区干面胡同51号(100010)
电　　话	010-65265923(发行)　010-85119023(邮购)
网　　址	www.wap1934.com
投稿信箱	xueshuchuban@126.com
经　　销	新华书店
印　　刷	北京京华虎彩印刷有限公司
开本印张	787×1092毫米　1/16　14½印张
字　　数	190千字
版次印次	2015年8月第一版　2015年8月第一次印刷
标准书号	ISBN 978-7-5012-4973-2
定　　价	32.00元

版权所有　侵权必究

目　录

第1章　绪论：叙事学视角下的体育新闻研究

1.1　大众传媒中的体育新闻缘起

“体育”是人类社会由来已久的一种活动现象。体育学界认为，体育这一概念具有狭义和广义之分。狭义的体育即体育教学，或称身体教育；广义的体育指体育运动（physical education and sports），包括竞技运动（sport）、身体锻炼（physical training）和身体娱乐（recreation）以及狭义的体育（体育教学）。[①] 本书主要以广义体育运动定义中的“竞技运动”作为主要的研究对象。

关于竞技运动的概念有两种阐释趋向。一种从竞技运动的目标入手，将之视为“以体育竞赛为主要目的特征，以创造优异成绩、夺取优胜为主要目标的社会活动”，[②] 或是“为了最大限度地发挥和提高人体在体格、身体能力、心理和运动能力等方面的潜力，取得优异成绩而进行的科学的系统的训练和竞赛”。[③] 另一种则从其本质特征出发，认为竞技运动与游戏非常相似，是“一种具有规则性、竞争性及挑战性、娱乐性和不确定性的身体（身体性）运动”。[④] 从竞技运动的发展历史看，体育竞赛是构成竞技运动的核心。产生于古希腊的奥林匹克运动会是人类竞技体育史上的里程碑，对世界竞

---

① 王大中，等主编．体育传播——运动、媒介与社会．中国传媒大学出版社，2006：2.

② 体育院校成人教育协作组《运动训练学》教材编写组，编．运动训练学．人民教育出版社，2000：1.

③ 唐宏贵．体育概论．人民体育出版社，2007：45.

④ 周爱光．对竞技运动概念的再认识//中国体育科技，1999（35）：5－6.

技体育的兴起和发展起了很大的推动作用，四年一度的夏季、冬季奥运会总是成为当年全球体育界最隆重的聚会。竞技运动除了参与者以夺取优胜为目的外，其类似游戏的一系列属性也给观众带来很大的刺激和享受，这也使得竞技运动在广义体育的三个组成部分中成为最具观赏性的部分。本书中的“体育”主要指“以体育竞赛为主要目的特征，以夺取优胜为主要目标的具有规则性、竞争性及挑战性、娱乐性和不确定性的社会活动”。

1949 年新中国成立以来，中国体育界逐步推行“举国体制”的方式发展竞技运动，1956 年陈镜开打破最轻量级挺举世界纪录，1959 年容国团获得第 25 届世界乒乓球锦标赛男子单打冠军，结束了中国人没有竞技体育世界纪录和世界冠军的历史。经历了 20 世纪 60 年代和 70 年代的沉寂后，80、90 年代开始兴起的“奥运战略”使中国体育代表团一次又一次刷新了自己的奥运战绩。2008 年 8 月，第 29 届夏季奥运会在北京举办，共有来自全球的 11438 名运动员参赛，中国凭借 51 枚金牌居金牌榜首位，成为奥运历史上首个登上金牌榜榜首的亚洲国家。中国“竞技体育大国”的国际形象逐步为世界所接受。

体育的发展得益于政策的推动和民众的参与，也离不开传媒的报道。体育和中国大众传媒的结缘可以追溯到 19 世纪晚期，伴随着大众化报刊的发展，体育报道开始在报纸中出现。1864 年 4 月 18 日，上海第一份中文报纸《上海新报》刊登的《第一日跑马单》，是有据可查的中国最早的体育报道。1909 年 4 月，中国最早的体育刊物《体育界》由上海的中国体育学校体育界杂志社创办。① 1949 年新中国成立后，报刊界首先开启了体育报道。1950 年 7 月 1 日，新中国第一份体育专业报道杂志《新体育》问世。1958 年，《体育报》面世。70 年代

---

① 张珂，等主编．当代体育与大众传媒．中国传媒大学出版社，2011：16.

末，中国相继涌现出《足球》《体坛周报》《南方体育》等专业性体育报纸，综合类报纸也纷纷推出体育版，体育媒体的类型更加多样化。1995 年 1 月 1 日，中国中央电视台体育频道（CCTV5）开播，打破了报刊一统体育报道的局面，电视凭借其视听媒介的特性消解了赛事与观众的时空间隔，给观众更加直观、精彩的视觉享受。与此同时，一些资深的体育迷并不满足于报刊和广播电视带来的体育报道，他们借助当时新兴的互联网平台发布和传播消息。据陈彤回忆，新浪网最初的人气积累与其前身的四通利方网站中的体育沙龙论坛不无联系，当时的网民在这个足球论坛中相互交流赛事消息和观赛感受，网站也在此基础上开设了体育频道。① 互联网媒体的加入，使体育报道的阵营更加强大，组成更加多元。如今，体育已成为大众传媒报道内容的重要组成部分，传媒和体育之间已建立起相互依存的关系。如果说围绕体育运动的推进和发展已形成了一个潜力巨大的文化产业链，传媒无疑是其中最重要的一环。

新闻“是众多话语形式中的一种”，它“不是静态的、抽象的、系统的语言，而是新闻工作者在一定的社会政治、文化等语境中运用系统叙述与建构新闻事实的产物，即话语”。② 在新中国体育的发展进程中，传媒在社会政治、文化语境的变迁中如何报道体育？这些新闻话语变化体现出体育报道领域中怎样的话语权力机制的变迁？本书试图解答这两个问题，并希望给学界和业界一定的启发。

1.2 交叉领域的新闻研究

为了解答上述问题，我们需要三个领域的研究成果：叙事学理论演变、新闻叙事学和体育新闻学。

---

① 陈彤，曾祥雪．新浪之道：门户网站新闻频道的运营．福建人民出版社，2005：13－24.

② 曾庆香．新闻叙事学．中国广播电视出版社，2005：8.

1.2.1 叙事学理论演变

叙事学（narratology）又称“叙述学”，是当代西方一种重要的文学理论。早期的叙事学也被称为“经典结构主义叙事学”或“经典叙事学”，是在俄国形式主义（以普罗普为代表）和法国结构主义思潮影响下产生的。普罗普（V. Propp）对俄罗斯100个民间故事进行分析后发表了《故事形态学》一书，指出诸多民间故事都受到一个不变的结构的制约，结构要素是31个具有一定组合规律的功能项。法国人类学家克洛德·列维—斯特劳斯（Claude Lévi - Strauss）出版了《野性的思维》、《结构人类学》等一系列著作，号召人类学家效法语言学家，用结构的观点分析人类，并向法国学术界介绍普罗普的理论。受其影响，法国文学领域逐步兴起了关于叙事作品结构分析的研究热潮，出现了格雷马斯（A. J. Greimas）、布雷蒙（C. Brémond）、巴特（R. Barthes）、托多罗夫和热奈特（Gérard Genette）等代表学者。

在巴黎出版的1966年第8期《交际》杂志刊出了以《符号学研究——叙事作品结构分析》为题的专刊，刊登了包括罗兰·巴特的《叙事作品结构分析导论》等具有影响力的文章。虽然“叙事学”一词当时并没有出现在论述中，但这一理论的研究设想和基本框架已经确立。

1969年，“叙事学”的定义由法国文艺理论家托多罗夫（T. Todorov）在他的《〈十日谈〉语法》一书中正式提出。他写道：“这部著作属于一门尚未存在的科学，我们暂且将这门科学取名叙述学，即关于叙事作品的科学。”①

经典叙事学认为，每一个叙事都包括“故事”与“话语”两个

① ［法］托多罗夫.《十日谈》语法 // 张寅德，编选. 叙述学研究. 中国社会科学出版社，1989：1－2.

组成部分。“故事”（story，histoire）即“内容或事件（行动、事故）的链条，外加所谓的实存（人物、背景的各组件）”，“话语”（discourse，discours）就是“表达，是内容被传达经由的方式”。①故事是一个抽象的概念，是被叙述的基本材料，被视为一种具有一定转换规律的稳定结构，故事中各要素的构成及其形式连接具有一定的规律。故事独立于它所运用的媒介和技巧，可以出自不同的媒介。与之相对，话语是采用诸如时间、空间、节奏、叙述者、叙述声音、人物语言等手段传达故事的表达方式，一个故事可以以多种方式讲述。

经典叙事学早期学者受结构主义影响，多以“故事”作为叙事学研究对象，代表人物有格雷马斯、托多罗夫、布雷蒙等。他们从民间故事、神话分析入手，关注这些叙事中的行为，描述行为的功能和序列关系，关注人物的类型及其在故事中的结构模式，试图从古代初级叙事中寻找具有普适性的叙事结构特征。但是，民间故事和神话往往是一些较简单的叙事，属于某种相同的类型，而在大型、复杂的叙事中，经典叙事分析得出的叙事结构的实用性难以让人信服。于是，以托多罗夫（后期）、热奈特、查特曼（S. Chatman）和普林斯（G. Prince）为代表的叙事学者开始更多地研究叙事的话语层面。这一层面的研究包括对叙事时间、叙述者、聚焦、叙述交流和人物刻画等方面的研究，不再将分析重点放在故事的行为功能和序列上，而是将之放在故事如何转化为话语的层面。如热奈特1972年发表的《叙事话语》中对普鲁斯特的意识流小说《追忆似水年华》的研究，是叙事学从单纯的神话和民间故事研究向小说研究转化过程中的重要奠基之作，《叙事话语》中提出的诸如“聚焦”等叙事话语的术语和观点沿用至今。在此基础上，查特曼、普林斯和

① ［美］西摩·查特曼．故事与话语：小说和电影的叙事结构．徐强，译．中国人民大学出版社，2013：5－6.

米克·巴尔（Mieke Bal）等人还试图将两个层面进行整合，以构建完整的叙事学体系。如1977年米克·巴尔对“热奈特系统”进行分析批判的《叙述学：关于四部现代小说的叙述意义》[①] 一书，融合了当时叙事学界的研究成果，对完善叙事学体系提出了一些独到的看法。

经典叙事学“着力探讨叙事作品内部的结构规律和各种要素之间的关联”，[②] 将文本视为一个内在实体，仅关注作品自身，排除对作品的外部关照，不关心叙事作品与作者心理、作品产生和阅读的社会历史条件等外在因素之间的关系，这种研究倾向受到20世纪80年代诸多文学研究者的抨击，叙事学甚至一度被视为已经过时的理论。

20世纪90年代，叙事学研究出现了新复兴。在经典叙事学理论的基础上，一些学者将叙事学研究跳出对文本之内的封闭研究，将之运用到小说以外的诸多叙事形式的分析中，且将叙事分析与一些外在要素相互关联。这逐步促成了从经典叙事学向后经典叙事学理论的转型。1999年秋，美国俄亥俄州立大学出版社推出了《新叙事学》一书，该书主编戴卫·赫尔曼（David Herman）作为后经典叙事学的代表学者，在引言中这样诠释这种新兴的叙事学理论：

> 一门“叙事学”（narratology）实际上已经裂变为多家“叙事学”（narratologies），结构主义对故事进行的理论化工作已经演变出众多的叙事分析模式。这些模式与结构主义传统形成批判和反思的关系，从自己意欲超越的分析传统中承

---

① 热奈特主要针对这本书中的质疑于1983年发表了《新叙事话语》）及她的代表作《叙事学：叙事理论导论》（*Narratology: Introduction to the Theory of Narrative*，1985年出版，1997年修订后再版）。

② ［美］詹姆斯·费伦，彼得·J. 拉比诺维茨，主编．当代叙事理论指南．申丹，等译．北京大学出版社，2007：1.

接了颇为丰富的遗产。[1] 叙事学不再专指结构主义文学理论的一个分支，它现在可以指任何根据一定原则对文学、史籍、谈话以及电影等叙事形式进行研究的方法。[2]

后经典叙事学并没有推翻和取代经典叙事学理论，而是在吸取后者基本概念和分析模式的基础上，拓展了叙事学的研究视野、分析对象和研究路径，既关注文本分析，也注重读者和社会历史语境的作用，且呈现出跨学科研究的趋向。正如赫尔曼用复数形式的"叙事学"（narratdogies）反映这一领域的变化那样，后经典叙事学有多个流派：加拿大的戈德罗和法国的若斯特合作完成的《什么是电影叙事》一书，成为"电影叙事学"的代表，将叙事分析的对象拓展到跨媒介领域；美国的苏珊·S. 兰瑟发表的《虚构的权威：女性作家与叙述声音》一书，是女性主义叙事学研究的代表作，通过叙事声音切入将社会身份与叙事联系分析，为如何在社会历史文化语境中研究叙事学做了很好的尝试。此外，以詹姆斯·费伦为代表的修辞叙事学和以赫尔曼为代表的认知叙事学都是这个领域具有影响力的分支。

20 世纪 80 年代末至 90 年代初，大量西方经典叙事学著作在中国翻译出版，中国学者在介绍西方叙事学的同时，也尝试结合西方叙事学理论研究中国古代典籍，并提出了一些有别于西方叙事学的观点，初步建立了中国叙事学的研究范式。其中最著名的当数陈平原的《中国小说叙事模式的转变》和杨义的《中国叙事学》，二者在叙事时间、结构、视角等领域的研究丰富了叙事学理论，也为叙事学理论的中国化做了探索。

---

① ［美］戴卫·赫尔曼，主编．新叙事学．马海良，译．北京大学出版社，2002：1.

② 同上：24.

1.2.2 叙事学理论在新闻传播研究领域的应用

新闻学者一般将“新闻”视为一种“信息”，运用“过程”模式，对新闻报道进行内容分析等量化研究。借助社会科学精确调查能力的进步，内容分析法逐步成为研究传播文本的主要方法。然而，“内容分析只承认了传播是信息量的流通过程，而忽视了传播同时也是传播者与解释者进行意义产生、协商、争斗的过程”。[①] 这与人文科学研究中逐步兴起的“社会建构论”的视角是相左的。从社会建构论角度看，新闻传播的过程不是一个静态的、脱离了社会联系而存在的过程，而是一个意义的生产和交换的过程，因而新闻也可被视为一种特殊类型的叙事，可以运用叙事学理论进行研究。

1988 年，荷兰学者梵·迪克的《作为话语的新闻》出版，这一著作从社会认知的角度出发，以报纸新闻作为研究对象，对新闻话语结构方面和制作、理解新闻过程中的社会认知方面进行分析。作者开宗明义：

> 这本书的目的就是为研究报刊的新闻报道提供一种新的理论框架。这项研究的最大特点是将新闻视为一种文本或（话语）进行分析。……新闻是一种特殊的叙事。[②]

梵·迪克将新闻视为一种叙事形式，运用符号学理论对新闻的叙事话语进行研究，剖析了新闻话语的结构，报纸新闻生产和理解的话语认知，在新闻叙事研究领域具有重要意义。值得一提的是，梵·迪克运用以符号学为基础，借鉴语言学、叙事学、社会学、心

---

① 胡春阳．话语分析：传播研究的新路径．复旦大学出版社，2007：50.

② Teun A. van Dijk. News as Discourse. Lawrence Erlbaum Associates, Inc. , Publishers. 1988：1.

理学等多种学科的观点而产生的一套“话语分析”[①] 方法，来分析新闻报道，他所进行的新闻话语分析已经超出了叙事学范畴中话语层面的研究，将新闻话语放置在更为丰富的社会语境中，这对新闻叙事学的研究具有较大的启发性。梵·迪克提出的主题分析和话语风格的研究，是结合新闻叙事的特征、对完善新闻叙事文本的分析框架提供了值得借鉴的思路。

20 世纪 90 年代，中国开始有学者运用叙事学理论对新闻作品进行研究的零星阐述，因其数量很少而没有在理论界引起较大反响。2003 年，何纯在《关于新闻叙事学研究的构想》一文中提出，“新闻叙事学是研究新闻叙事原理和方法的学问”，“在新闻学系统内，它与新闻写作学具体研究各类新闻体裁的写作原理与方法不同，新闻叙事学将忽略体裁的差别而就共同的叙事元素进行分析与研究”。[②] 此后，齐爱军、蔡之国等人对新闻为何能作为一种叙事存在、新闻叙事学怎样进行理论建构发表了各自的观点。[③] 这些论文表明，新闻学界正尝试运用叙事学理论开辟新闻研究的新领域。

2005 年，曾庆香出版了专著《新闻叙事学》。她认为，对新闻话语的研究是话语分析的一个领域，话语分析可分为英美学派和法德学派，前者把话语看成大于句子的语言单位，看作社会文化语境中的一种语言使用形式，其研究主要针对语言应用，分析路径包括针对文本结构分析与情境分析；后者把话语看作一种交际事件或一种意义交流活动，集中分析话语背后的意识形态、深层次的文化因

---

① “话语分析”这一术语是由美国结构主义语言学家哈里斯在 1952 年发表的《话语分析》一文中率先提出和使用的，后被研究者广泛使用。话语分析把文本和话语置于历史和社会语境中，比内容分析更适合社会建构论的视角，因而在国际上普及。

② 何纯. 关于新闻叙事学研究的构想 // 湘潭大学社会科学学报，2003（7）：112 – 115.

③ 齐爱军. 论新闻作为一种叙事性的存在 // 现代传播，2006（6）：33 – 35. 齐爱军. 关于叙事学理论框架的思考 // 现代传播，2006（4）：142 – 144. 蔡之国. 新闻叙事学研究框架的构想 // 南通大学学报 · 社会科学版，2006（7）：130 – 136.

素，话语的功能效果、话语生成过程及当代社会和历史中各种话语之间的斗争等。[①] 曾庆春试图将这两种思路结合起来构建新闻叙事学的研究框架，将该学科的研究重点设置为：新闻话语的结构、新闻话语的生成、新闻话语的事实建构、新闻话语的神话性、新闻话语的意识形态建构、新闻话语中的原型沉淀。

2006 年，何纯在《新闻叙事学》一书中借鉴了西方叙事学中的“视角”“聚焦”“时间”“结构”“情境”“修辞”等基本概念，将这些概念置于新闻叙事文本的语境中进行阐释，分析新闻叙事的特殊性。他将新闻叙事学研究要点划分为：新闻叙事声音（主要针对新闻叙事人的研究）、新闻叙事语法（探讨新闻“故事”层面事件的组接原则和规律）、新闻叙事话语（对文本结构形式的分析）、新闻叙事接受（新闻文本与阅听人的联系）。

在中国新闻叙事学领域，曾庆香和何纯的研究代表了两种不同的研究路径，前者视角更为宏观，研究旨趣在于分析新闻文本如何在社会互动的关系中生成、其背后的社会意义何在；后者则主要以经典叙事学为理论基础，结合新闻实践产生理论生发，研究旨趣主要在于微观的新闻作品的结构分析及其叙事规律的探寻。

两部《新闻叙事学》出版之后，新闻叙事学被大量学者关注，但是形成的专著数量并不多。陈霖、陈一 2011 年出版的《事实的魔方》，在总结现有新闻叙事学研究的基础上，对包括何纯在内的中国学者阐释的新闻叙事学中的诸多概念提出商榷，认为：“对叙事学基本概念的清楚把握，是对新闻进行叙事学研究的关键所在。”[②] 另外，王辰瑶的《嬗变的新闻——对中国新闻经典报道的叙述学解读》，以社会建构论为基础，首次采用叙事学视角、运用症候阅读方法系统分析了中国新闻史上的经典作品，将新闻报道视为文化现象，研究

---

① 曾庆香．新闻叙事学．中国广播电视出版社，2005：导论．

② 陈霖，陈一．事实的魔方．中国书籍出版社，2011：摘要．

新闻叙事和社会历史之间的关系。在专业报道领域，张自力的《健康传播与社会——百年中国疫病防治话语的变迁》，运用话语分析探讨了健康传播与社会之间的相互关系，张自力本人对“话语”的研究更倾向于宏观层面的把控。

作为一门新兴学科兼交叉学科，中国学者对这一领域的关注更多以论文的形式呈现。由于论文数量庞大，笔者以中国知网数据库为文献基础数据库，将“新闻叙事”作为关键词进行搜索，[①] 将被引次数排名前 100 的论文按照主题进行简单分类，以期能对目前国内新闻叙事学研究的热点及特征做一管窥。

主题一：叙事策略。涉及论文 31 篇。这类论文中，少数以叙事学中的观点分析评价新闻作品的叙事规律，以期产生实业指导价值以外，大多只是借用“叙事”这一概念，但在分析的过程中并未采用叙事学的理论与方法，而是运用经验总结的方式生发出一些概念进行阐释，但理论性较为薄弱。在这一主题中电视节目的研究居多，有 22 篇。

主题二：基础理论。共有 24 篇论文。这类论文的理论深度较高，或是对叙事学在新闻研究中运用的引介，或是对叙事学中基本概念在新闻叙事分析中如何运用的阐释，或是对建立新闻叙事学框架的设想，有一定的参考价值。

主题三：叙事类型与风格。涉及论文 21 篇，这个类别的论文类似“叙事策略”的研究，也偏向应用研究，不过多为对某类型新闻叙事特征及其风格的总结，如曾照畅的《〈南方周末〉批评性报道的叙事学分析》、张名章的《战争、江湖、情色：体育新闻的娱乐化叙事》等。

主题四：叙事与意识形态。此类论文有 8 篇，主要探讨叙事者

① 搜索时间为 2012 年 10 月 16 日 8：25。

的叙事意图与叙事框架、叙事者和接受者之间的关系、叙事者如何通过叙事“涵化”受众，从而达到叙事背后的意识形态诉求。

主题五：叙事与传播效果。共有 4 篇论文涉及此话题。吴昊的《新闻叙事视角与聚焦对传播效果的影响》一文，探讨从新闻叙事视角和聚焦的角度出发，以不同事例来分析不同叙事视角和聚焦对传播效果产生的不同影响。李艳红的《一个“差异人群”的群体素描与社会身份建构：当代城市报纸对“农民工”新闻报道的叙事分析》，运用叙事分析的方式考察了中国当代城市新闻媒体对于农民工这一城市“差异人群”的再现或曰群体素描，并分析了这些再现对于该群体之社会身份形成及在城市社会获得文化认可所造成的影响。

主题六：叙事学研究方法。此类论文只有 1 篇，即孙皖宁的《传播学研究中的仪式派——暨叙事文文体分析法介绍》，文中认为叙事文文体分析法是探讨新闻叙事文文体的含义、结构以及功能的研究方法。

还有 11 篇论文与叙事学理论没有相关性，这些论文有的是从叙事学生发探讨另一学科的研究，如《新女性主义电视研究概论》、《“新新闻史”：关于新闻史研究的一点设想》，有的虽以“叙事”作为题名，但实际内容和新闻叙事没有联系。

总的看来，中国关于新闻叙事研究的论文大多属于业务的经验总结，大多数成果无论在理论支撑还是在研究方法上距离规范的、有深度的新闻叙事研究还有一定的差距，甚至一些叙事学的基本概念也未获得研究者的共识，不少研究处于自说自话的阶段，基本是用叙事学“新瓶”承载传统新闻内容研究“旧酒”。

对新闻叙事的研究应该以叙事学为基础，同时借鉴新闻话语分析中的部分观点。本书以叙事学理论作为指导，将“话语”视为新闻故事的传达形式，而不是对新闻报道进行话语分析。同时，在分析微观新闻文本的话语的基础上试图将“话语”的概念拓展为“一种意义的交流方式”，以剖析新闻文本的社会意义，总结带有时代特点的叙事规律，从而归纳出体育新闻的话语变迁。

1.2.3 新闻传播学视角下的体育报道

体育新闻学是新闻学在体育专业领域的分支，体育报道作为体育新闻的载体，有关体育报道的研究隶属体育新闻学的范畴。西方学界对体育报道进行研究始于20世纪80年代，1985年美国艾奥瓦州立大学出版的《体育新闻学》，受到国际新闻学界的高度重视，标志着体育新闻学作为一门独立的新闻学分支学科得到了国际新闻学界的认同。①

西方的体育新闻研究主要集中于以下方面：

首先，体育新闻业务中的运作规律、基本原则和报道伦理。沃夫迈尔通过分析《美联社体育编辑守则》，在十个领域提出更为细化的可执行的改进方法。这十个领域包括：免费赠品的处理方式，兼职方式，新闻收集方法，新闻源，直接引语，隐私，赌博，特殊兴趣，谋求私利，社区活动参与。最终得出结论：体育记者应该像其他专项记者一样成为道德可靠的新闻工作者，从而提高体育记者的职业形象。② 加里森（Garrison）和萨尔文（Salwen）1988年通过信函问卷的方式对624名美联社体育编辑进行了调查并发现，体育编辑认为写作体育软新闻的记者对创造性写作和趣味性写作表现出更高的兴趣，而写作体育硬新闻的记者则更在乎获得社会影响力。③

其次，西方研究者热衷于研究体育报道与不同性别群体和种族

① 郝勤．论体育新闻学的性质特征及学科建设 // 成都体育学院学报，2000（5）：12－15.

② K. Tim Wulfemeyer. Ethics in Sports Journalism：Tightening Up the Code // Journal of Mass Media Ethics，Fall / Winter 1985－86，1（1）：57－67.

③ Bruce Garrison，Michael B. Salwen. Professional Orientations of Sports Journalists：A Study of Associated Press Sports Editors // Newspaper Research Journal，Fall 1989：77－83.

族群之间的关系。哈丁等人采用内容分析的方法对体育新闻教科书中的女性形象进行了分析，得出了定量数据，提出体育新闻学教科书应如实反映体育新闻业界的真实情况、包括男女体育记者比例等。哈丁还对体育新闻教科书的编写者和课程教授者提出了相关建议。[①] 斯特朗通过开放式问卷、访谈、电子邮件和电话的方式对新西兰女性记者群体进行了采访，得出如下结论：新西兰缺少女性体育记者，其原因不只是性别歧视，还包括女性记者对体育记者职业的天然排斥或者存有偏见。[②] 马斯特罗等人使用内容分析的研究方法，系统地梳理了2005年至2007年《洛杉矶时报》《纽约时报》《今日美国》在体育新闻报道中关于种族和犯罪报道的频度和内容，特别强调对非裔美国运动员报道失衡现象的存在容易导致群体间冲突的发生。[③]

再次，一些研究认为体育报道有助于文化塑造。奥茨和保利的研究指出，对商品化体育的描写和报道也是社区文化塑造的过程。体育记者必须意识到体育写作与民主文化塑造的关联，例如自我牺牲精神、团队合作、个人意志力以及社会阶层多变性的塑造。[④]

最后，借鉴语言学和叙事学方法进行体育报道研究。塞拉齐奥通过分析媒体对新奥尔良圣徒队在2006年卡特里娜飓风侵袭新奥尔良地区后在全美橄榄球联赛中的优异表现的报道，探讨体育、新闻学和集体记忆之间的互动关系。媒体通过对胜利团队的集体叙事报

---

① Marie Hardin, Julie E. Dodd, Kimberly Lauffer. Passing It On: The Reinforcement of Male Hegemony in Sports Journalism Textbooks // Mass Communication & Society, 2006, 9 (4): 429–446.

② Cathy Strong. Female Journalists shun sports reporting: lack of opportunity or lack of attractiveness? // Communication Journal of New Zealand, 2007.

③ Dana E. Mastro, Erin Blecha, Anita Atwell Seate. Characterizations of Criminal Athletes: A Systematic Examination of Sports News Depictions of Race and Crime // Journal of Broadcasting & Electronic Media, 2011, 55 (4): 526–542.

④ Thomas P. Oates, John Pauly. Sports Journalism as Moral and Ethical Discourse // Journal of Mass Ethics, 2007, 22 (4): 332–347.

道试图找到一种帮助当地人民摆脱创伤记忆的方法。[1]

中国对于体育报道的研究和西方几乎是同步的。1981 年，体育记者马信德在《新闻战线》第 4 期和第 6 期连载的文章《体育——广阔的报道领域》中率先提出，"有必要进一步提高认识和改进工作，把体育报道作为一门学问进行探讨和研究"，要"结合体育运动的特点，来改进体育报道"。这是中国学术界最早提出科学看待体育传播的观点。1985 年，马信德出版了《体育新闻学 ABC》，成为中国体育新闻研究的开山之作。除了专著外，2000 年以前的体育报道研究多以论文形式呈现，主要成果有：朱竞若《从奥运会报道看我国体育新闻走向》，余琦、程刚《军语在体育新闻中的运用》，林海国《浅谈电视体育节目中存在的一些问题——兼谈中央电视台体育节目》，吴平《体育语体初探》，韩志芳《1978—1996 年我国报纸体育信息传播的体裁变化》，等等。

进入 2000 年，成都体育学院的郝勤发表《论体育新闻学的性质特征及学科建设》一文，首次对体育新闻学的学科性质进行研究。2002 年，由郝勤主译的《体育新闻报道》[2] 一书在中国出版，这本由美国新闻学者和从业者合作完成的专著探讨了体育新闻的发展历程、报道形式和报道技巧。2004 年，郝勤出版了系统阐释体育新闻学的专著《体育新闻学》，从体育新闻的采访、写作、编辑、评论等业务层面对体育新闻的报道规律进行研究。同年，由郑颖翻译的《美联社体育新闻报道手册》出版，为中国体育新闻报道提供了更多业务借鉴。2006 年，中国体育新闻工作者协会编写的《体育记者谈体育新闻》面世，这部文集总结了全国多家媒体的体育记者的工作

---

① Michael Serazio. When the Sportswriters Go Marching In：Sports Journalism，Collective Trauma and Memory Metaphors // Critical Studies in Media Communication，2010.

② ［美］布鲁斯·加里森，马克·塞伯加克. 体育新闻报道. 郝勤，等译，华夏出版社，2002.

经验和感受，从业界人员的视角对体育新闻报道规律做了思考，其中不乏真知灼见。还有一些学者从体育新闻的某一体裁类别入手，开始进行更为深入的研究。如王惠生、郭讲用主编的《体育新闻深度报道》，从写作要素、报道类别、新闻图片等角度对体育新闻深度报道这一分支领域进行了业务层面的研究。

体育报道领域研究成果的数量在2000年后有了大幅度增长，以中国知网数据库为文献基础数据库，对2000—2013年的体育新闻相关文献进行检索，分别以“体育新闻”（不含体育报道）和“体育报道”（不含体育新闻）为“主题”检索，共收集到文献2173篇，其中核心期刊论文823篇。这说明，体育报道研究已经成为新闻学研究的重要分支领域。

另外，一些学者开始将体育新闻置于体育传播的框架下。这类研究多以传播学中的“媒介”“符号”“受众”“效果”的框架对体育传播进行审视，认为“体育传播的目的是与他人建立共同的意识，使其能够相互沟通、理解和交流，分享体育的娱乐与精神，从而推动体育的发展和社会进步”。[①] 这其中最具代表性的是王大中等主编的《体育传播——运动、媒介与社会》和许正林主编的《体育传播学》，这两本教材都在探索建立体育传播学的知识体系方面具有一定启发性。郝勤等编著的《体育传播论》，在探讨体育传播学的基本理论和观点的基础上，就体育传播中的文明价值、媒介话语权、偶像崇拜、女性刻板印象、暴力叙事、媒介体育、奥林匹克传播和人文奥运等与体育传播相关的话题进行了更深入的阐释，在理论深度上有所推进。

在体育报道的叙事领域，2009年任志萍和李朝晖合著的《从语篇角度看大众文化语境下的体育新闻》一书，以梵·迪克提出的文

① 许正林，主编．体育传播学．上海交通大学出版社，2010：7.

本视角和语境视角为分析框架，对体育新闻语篇的语言要素、语义功能、语言特征和形象塑造等多个层面进行描述，并关注了与这些语篇相关联的社会文化语境，具有一定的创新性。但是，这本书主要采用了实证方法对体育新闻进行定量分析，分析语料包括北京奥运会期间的40个样本和2001—2008年的近20万字体育报道语料，样本的选择更倾向于新世纪的体育报道，无法从中看到体育报道的历史变迁。王辰瑶的《嬗变的新闻——对中国新闻经典报道的叙述学解读》一书中，第三章设专门一节从叙述主题的角度分析体育比赛报道主题与意识形态的变化，作者在分析1949年新中国成立后体育报道经典文本后发现："相当数量的当代体育报道在甩掉政治意识形态包袱的同时，又迅速给自己套上了商业意识形态的枷锁。"①《嬗变的新闻——对中国新闻经典报道的叙述学解读》虽然从历史纵深的角度概括了体育报道叙述主题的变化，但囿于篇幅和经典报道样本数量很少，只是开启了体育报道叙事研究的窗口，在全面和深度上还有欠缺。

学术论文开始涉及这一领域的探索。薛文婷、邢学波《论〈人民日报〉亚运会报道中的亚洲叙事的嬗变》和王宏江、任志萍《中国足球新闻暴力叙事分析》，都采用从历史纵深的角度分析体育报道的叙事方式，只是前者以《人民日报》历届亚运会报道为研究对象，结合一定的量化分析，发现其亚洲叙事的维度变化，后者则是聚焦于足球这种竞技运动，分析足球新闻暴力叙事的表现及其成因。李健《论"明星体育"机制中的传媒叙事策略》、许建华《论后工业时代商业报刊体育报道的叙事策略》和崔凌睿《现代体育报道的叙述风格——兼谈"景观—表演"范式》，结合案例对当下体育报道的叙事策略和风格作了分析。他们提出，当代体育报道中的娱乐叙事

① 王辰瑶．嬗变的新闻——对中国新闻经典报道的叙述学解读．中国传媒大学出版社，2009：164.

和英雄叙事满足了商业社会消费文化的需求，迎合了受众围观的需要。其他的研究大部分还是基于经验的概括，只是尝试将叙事学理论框架嫁接到体育报道研究中，在研究方法的规范性和研究结论的信度上都有所欠缺。

可见，一方面，对体育报道的研究亟待突破新闻学和传播学理论框架的限制，结合叙事学中的理论和分析框架对体育报道进行研究能在一定程度上开拓此领域的研究视野。另一方面，对于中国体育报道历史的梳理是体育新闻学研究中的重要课题，但是目前更多的研究成果或是构建体系的教材，或是评述当下体育报道特征，对于体育报道如何随历史、社会的影响而发展变化的研究相对匮乏。

鉴于此，本书希望弥补这项领域的空白。一是以建构论为基础，借鉴叙事学理论，对体育报道这一专业新闻报道领域进行历时的审视，在打通新闻史、新闻理论和专业新闻报道业务研究的层面做了有意义的尝试。将1949年新中国成立以来的体育报道历史置于新闻叙事学这一交叉领域，在一定程度填补了中国体育新闻史研究中的空白，为体育报道乃至其他专业新闻领域的业务史研究提供了具有学术价值的思考方式和研究路径。二是借鉴后经典叙事学理论，在对报纸文本做叙事研究的基础上分析电视和网络的体育报道叙事话语，弥补了中国新闻叙事研究多偏向文字文本书不足，纠正了部分叙事学概念的误用，这有助于拓宽国内新闻叙事学领域的研究话题，推进和深化这一交叉领域的研究。

1.3 研究方法的确立

本书主要采用历史研究法、文本分析法和案例法。

首先，本书的研究对象是中国体育新闻报道的历史变迁，我们将这种历史变迁视为既存的历史事实。历史研究法通过系统收集和客观鉴定史料，以归纳法和比较法来推求史实的意义和联系，做出准确的描述和解释，并发现事件的因果和趋势。史料是历史研究的基础，对史料的收集、整理和研析是历史研究最基础的方法。本书的史料来自两个部分：其一是关于中国体育发展历史的史料，其二是关于体育报道的史料。对于前者，本书以人民体育出版社的《中国体育通史》为主要的史料来源，辅以其他中国体育发展历史的相关文献资料；对于后者，本书的研究对象跨度60余年，涉及媒体形态跨越报纸、电视和网络，因而涉及的史料众多。本书主要选择体育专业媒体（除网站外）的报道作为主要研究对象，将研究的样本分为三个部分：

第一，从《新体育》、《体育报》（1988年更名为《中国体育报》）、《足球》、《体坛周报》四份体育专业报刊中获取文本。收集不同历史时段内这四份报刊的重大体育赛事和其他体育事件的报道文本。这里的重大体育赛事主要指奥运会、亚运会、女排世锦赛、乒乓球世锦赛、职业足球联赛等，体育事件包括皇马中国行、姚明婚礼等媒体建构的“媒介事件”。收集的报道文本的体裁以综述型消息、通讯、特稿为主，基本排除了动态消息和评论。动态消息相对结构模式固定，传递的信息较为简单，可供分析的叙事因素较少。评论不属于叙事文本。

第二，电视报道的文本主要来自中央电视台体育频道有影响力的体育报道现场解说词、体育报道媒介事件和知名体育栏目的节目。

第三，网络体育报道的文本主要来自商业门户网站新浪和搜狐的体育频道。这主要考虑到专业体育网站与商业门户网站体育频道的影响力不可同日而语。

其次，在历史研究法的主导思路下，主要运用文本分析法和案例法对大量体育专业媒体报道文本或节目的分类、概括，归纳提炼出某种具有同一性的叙事话语的时代特征，结合不同时代的文化语境探讨产生叙事话语变化的原因，逐一进行论述和分析，从而解释传媒如何在不同的文化语境下诠释体育。这种方法的问题是，可能会忽略和研究预想不一致的史料，造成以偏概全。为了尽可能避免片面化，本书会对不同历史时期体育报道的叙事分析层面作一个整体的描述和判断，提炼出具有典型意义的主题词，然后选择具体文本或节目作为分析对象，分析和对比体育报道中的典型案例，以印证这一典型特征的呈现方式。

1.4　探寻新的新闻叙事分析维度

建立研究框架是本书的难点。

首先，叙事学理论中缺乏广泛认可的统一的分析框架。除了“故事”和“话语”两个叙事学者普遍接受的基本概念之外，要在叙事学领域寻找被广泛接受的统一的分析框架几乎是徒劳的，其原因有二：

第一个原因是，早期的经典叙事学者的学科背景构成较为复杂，受到了符号学、语言学、形式主义、结构主义、人类学等诸多学科的影响，各家学者往往从各自的研究旨趣入手，对叙事作品进行分析并由此建立自我的分析框架。在这形形色色的研究中，有些术语本身就存在不同的理论阐释，因而引发争议。如，“聚焦”这个概念来自热奈特的《叙事话语》，热奈特提出这个概念是为了对早期诸多“视角”及与之相关概念进行修订和整合。因此我们只能从经典叙事学领域诸多研究学者的文献中寻找到大家关注的共同话题和被普遍认可的较权威的阐释，如作为故事层面的研究，研究者普遍关注事件及其结合原则（也称“叙事语法”）、人物类型及其结构模式；作为话语层面的研究，研究者大多将重点放在阐释叙述者、聚焦、受叙者、叙述时间、叙述节奏等方面。

第二个原因是，后经典叙事学的兴起使叙事学理论领域出现了百花齐放的局面，后经典叙事学的贡献与其说是创新了叙事学的分析框架，毋宁说是拓展了叙事学的研究视野、方法和分析对象。后经典叙事学沿用了经典叙事学对叙事作品进行研究的主要术语和概念，并将叙事学运用到更多交叉领域的研究，而这些交叉领域之间几乎毫无相关性，如女性主义叙事学和认知叙事学的讨论对象根本不具有可比性，从这个角度看，不可能从千差万别的后经典叙事学著作中寻找统一认可的新的分析框架，而只能从中借鉴研究方法和对已有叙事学术语的新阐释与新运用。

其次，本书的分析对象是媒体的新闻叙事文本，研究的目的是做历时的考察。叙事学理论中的诸多理论概念是针对共时研究提出的，因而本书分析框架的建立不能直接套用经典叙事学中已有的主要概念，比如前面提及的新闻叙事学中新闻话语的结构是诸多研究关注的焦点，但是这种话语结构体现出的特征并不能诠释新闻叙事的历史变迁，因而无法纳入分析框架。再如叙事学中的叙述时间和叙述节奏，这两个概念适用于探讨某个单个或某类型叙事文本的叙事技巧和策略，但从体育报道叙事话语变化的角度看，叙述时间和叙述节奏的变化并不具有显著性，因而也无法纳入考察范围。因此，我们只选择了叙述者与聚焦、人物类型与人物刻画两个概念来构成叙事层面的基本分析维度。

第三，本书属新闻叙事研究，可以说是新闻学和叙事学的交叉研究领域，除了借鉴叙事学理论之外，还需要将新闻叙事的分析框架纳入考量。新闻叙事学是一个较新的学科，尚无权威的研究框架，我们只能在对比不同学者研究的基础上找到适合的分析指标。本书目的不在于探讨体育报道叙事的一般特征，而在于分析不同历史时代的叙事特征及揭示背后隐藏的叙事机制，从这个角度出发，我们借鉴了梵·迪克等学者提出的主题分析和风格分析两个新闻叙事的相关概念，以充实整个研究框架。

本书将从叙述者与聚焦、人物类型与人物刻画、叙述主题、叙述风格四个角度分析中国体育报道叙事话语的变迁。

第 1 章绪论，旨在介绍研究的问题、背景、方法，综述相关研究文献。

第 2 章从叙述者与聚焦的角度看体育报道的话语变迁，分析新中国成立以来中国体育报道的发展历程，并结合历史论证不同年代的体育报道中叙述者和聚焦模式的倚重。

第 3 章从人物类型与人物刻画的角度透视体育报道的话语变迁。人物作为叙事故事的重要组成部分，也是体育报道中的主角。他们在体育报道的历史演变中呈现出怎样的形象变化趋势，不同时代的新闻叙事中采用何种方法刻画体育人物？第 3 章对这些问题做出解答。

第 4 章选择足球这个最受世人瞩目的体育项目，以足球报道的叙述主题的变化反映整个体育报道叙述主题在不同历史时段的变化轨迹和趋势。如果说第 1 章和第 2 章更倾向于微观文本的分析，第 3 章和第 4 章的内容则是运用对文本的宏观层面的主题和风格的诠释来弥补微观分析的不足，从叙事文本出发，观察意义建构和话语权力变化，这两章试图走出经典叙事学只专注文本的藩篱，剖析新闻与社会之间的互动。

第 5 章结合报刊、电视、网络等不同媒体形态的叙事特征对体育报道的叙述风格演变做出解读。

第 6 章是总结，包括阐明本书的局限及体育报道研究的未来方向。

第 2 章　体育报道中的叙述者与聚焦模式

罗兰·巴特在他的《叙事作品结构分析导论》中指出："如同叙事作品内部有一个（分布在施惠者与受惠者之间的）大的交流功能一样，叙事作品作为客体也是交际的对象：有个叙事作品的授与者（授予者），有个叙事作品的接受者。"① 这里所说的叙事作品的授与者（授予者）即"叙述者"，"他"是叙事作品传播，叙事交际行为发生的起点。要研究中国体育报道的话语变迁，需要从这种报道的交流起点——叙述者的角度切入。

理解叙事学理论中的"叙述者"概念，关键是要将之与"作者"概念进行区分。罗兰·巴特曾强调："叙述者和人物主要是'纸头上的生命'。一部叙事作品的（实际的）作者在任何方面都不能同这部作品的叙述者混为一谈。"② "作者"是一个或多个具有真实身份的个人，而叙述者"只是一个作者创造并接受了的角色"，"是一个由作者蜕变而成的虚构的人物"，"是一个'施动者'"。③ 在新闻叙事中对叙述者的研究不能将"叙述者"这一概念人格化，虽然新闻叙事不像文学叙事那样以虚构性为主，而是一种纪实叙事，但是这并不意味着在新闻叙事中的叙述者研究就是对作者或记者的研究。这是将叙事学引入新闻文本分析的一个重要前提。

为了进一步研究报道文本中的叙述者，有必要先梳理叙述者的类型。不同历史时期体育报道文本中的叙述者按照其类型的倚重体

---

① ［法］罗兰·巴特．叙事作品结构分析导论 // 王泰来，等编译．叙事美学．重庆出版社，1987：85.

② 同上：87.

③ ［德］沃尔夫冈·凯瑟．谁是小说叙事人？// 王泰来，等编译．叙事美学．重庆出版社，1987：111－112.

现出不同的叙述模式，而这些模式的产生与报道所处时代的社会历史语境具有重要的联系。

总结叙事学研究中对叙述者的阐述，叙述者类型可以作如下划分：

第一，根据叙述者相对于故事的位置或叙述层次以及叙述者是否参与故事以及参与故事的程度，可以区分为：故事外叙述者/非人物叙述者，故事内叙述者/人物叙述者。故事外叙述者/非人物叙述者外在于其所讲述的故事，通常不作为人物出现于故事中。而故事内叙述者/人物叙述者则处于他/她所讲述的故事，并且担当着故事层次中的人物身份（其中的人物或是叙事的主人公，或是扮演观察者和目击者的角色）。

第二，根据叙述者可被感知的程度可以区分为外显的叙述者与内隐的叙述者。外显的叙述者“常常会以第一人称的方式提及‘我’或‘我们’，并直接或间接地面向受叙者说话。而且，叙述者往往对故事中的人物与事件展示出一种话语倾向，读者往往可以从话语中隐隐约约地感受出其对故事中人物、事件与情境的态度。外显的叙述者具有较强的自我意识，有时，甚至于‘闯入’故事中，以公开的方式对人物和事件发表评论”。[①] 内隐的叙述者则与之相反，他们尽可能不露痕迹，保持中立的叙述态度，让故事按其自身的逻辑去自然地展开，让人物按其特性去活动，不去说服接受者。

第三，根据叙述者与隐含作者的关系可以区分为可靠的叙述者与不可靠的叙述者。可靠的叙述者是言行符合作品规范的叙述者，不可靠的叙述者则表现为其叙述行为似乎与作品规范相一致，但实际上并非如此。[②]

对叙述者分析旨在解决叙事分析中的“谁说”这一基本问题，

---

① 谭君超．叙事理论与审美文化．中国社会科学出版社，2002：63.

② 同上：59.

但是在叙事学者看来，叙事分析需要区分“谁说”和“谁看”这两个问题，“谁看”是指在解决谁的视点决定叙事文本的问题。“说”与“看”并不必然从属于相同的主体，而叙述者的“说”必然与“看”联系，其在对叙事文本进行描述时总有一个观察一切的视角，通过这个视角来呈现所见。对于这一问题的研究，叙事学领域出现了视点（point of view）、叙述焦点（focus of narration）、叙述视角（narrative perspective）等相关术语，而其中又以热奈特的“聚焦”（focalization）概念最具影响力。他将叙事作品中的聚焦分为三类，第一类是零聚焦（narrative with zero focalization）或无聚焦（nonfocalized narrative），聚焦主要体现在传统叙事作品中，叙述者无所不在，其所说超过任何人物所知；第二类是内聚焦（internal focalization），即叙述者只说某个人物所知，这种聚焦叙事还包括固定式、不定式和多重式三种具体的形式。固定式内聚焦指根据某一特定人物的有限视野进行观察，不定式内聚焦指焦点人物不断发生变化的观察，而多重式内聚焦则是针对同一事件采取不同人物的视野所进行的观察；第三类是外聚焦（narrative with external focalization），叙述者所说少于人物所知。[①] 结合“聚焦”研究叙述者，这对新闻叙事的研究意义重大。正如米克·巴尔所评价的：

> 在我看来，聚焦是最重要、最彻底和最精细的控制手段，那些分析报纸报道，旨在揭示其中隐藏的意识形态的研究应该将聚焦纳入其考察之中，而不是将其局限在所谓的内容分析上，如对内容进行语义分析。[②]

本章将对体育报道的叙述者和聚焦的研究置于体育报道发展的

---

① Gerard Genette. Narrative Discourse. Cornell University Press，1980：189－191.

② Mieke Bal. Narratology：Introduction to the Theory of Narrative. Second edition. University of Toronto Press，1997：171.

社会历史背景下，用典型案例分析和论证在不同历史时期体育报道的叙述者和叙述聚焦具有怎样的差异。

2.1 政治说教意图明显的叙事

2.1.1 作为意识形态宣传工具的体育传媒

1949年新中国成立后的第16天，《人民日报》和《光明日报》就北京人民体育大会作了报道，揭开了新中国体育新闻的序幕。[①] 1949—1978年近三十年，中国体育传媒经历了新中国成立后的初创、学苏联体育的热潮、“大跃进”和“文革”极左政策的影响，体育传媒的角色主要是党和政府的耳目喉舌、“新体育”的政治宣传工具。

新中国成立之初，百废待兴，1949年10月26—27日在北京召开的“全国体育工作者代表大会”上，朱德副主席强调：“现在我们的体育事业，一定要为人民服务，要为国防和国民健康的利益服务。不但是学生，而且工人、农民、市民、军队机关和团队都要搞体育。”[②] 对于当时的新生政权而言，当务之急是破旧立新，体育不仅是文化教育事业，而且是国防安全工作中的重要一环，体育传媒则担负起全面推进构建“新民主主义体育”事业的职责。

1950年7月1日，新中国第一份体育专业报道刊物《新体育》创刊，1958年7月1日，新中国最早的体育专业报纸《体育报》（1988年更名为《中国体育报》，出版至今）创刊。新中国最早诞生的“一报一刊”在60年代前的体育报道中一直处于绝对的垄断地位。

① 潘兴．异军突起的体育新闻 // 上海体育学院学报．1988（3）：13－15.

② 新体育．1950（1）：7.

图 2－1　《新体育》创刊号封面

《新体育》甫一面世，毛泽东就为其题写了刊名。其创刊词对其办刊理念作了如下的阐释：

> 体育成为建设新民主主义社会及将来社会主义社会极重要的不可或缺的一部分。体育要为人民的健康，生产建设和人民的国防而服务。……建设新体育，是要把体育普及到千百万劳动人民中去，有步骤地从学校到工厂，从城市到乡村，从部队到地方，使体育很快成为广大人民的体育，溶化到人民的生活中去，成为人民在自己伟大的建设事业和国防事业中获取胜利的一个有利因素和保障。

这本 32 开的创刊号共包含 20 篇文章（见表 2－1）。

表 2-1　《新体育》创刊号文章标题一览

栏目名称	文章标题
	发刊词
	朱德副主席在中华全国体育总会筹备会议上的讲话
	新民主主义的国民体育
	论改造旧体育的两个问题
	今日苏联的体育
	中华全国体育总会筹备委员会为举办体育工作者暑期学习会的通知
	对于中小学体育改造的几点意见
	我们对体育应有的认识
	运动对于生理的影响
	论新集体舞
通讯集锦	平原安阳的五四运动大会
	松江省红五月的群众性体育运动
	活跃的陕西咸阳体育
	潘阳的春季球赛
	哈尔滨市四年来的体育活动
	北京市第一届人民体育大会筹备工作总结
各地报道	上海、辽东、武汉、潘阳、济南、归绥、吉林、察哈尔、杭州、南京、兰州、迪化、山西
	苏联体育简辑
	中华全国体育总会筹备委员会各级组织统计表
	篮球规则实例解答

创刊号中的《稿约》进一步说明了这本杂志的报道偏好。其标注欢迎八类投稿：（1）新民主主义国民体育的理论论著；（2）对旧体育的批判；（3）苏联及新民主主义国家体育介绍研究；（4）体育专门问题及技术的研究；　（5）人民解放军中开展体育的经验；

（6）体育教材及教学法；（7）开展新体育运动的经验；（8）体育活动报道特写。

《新体育》第 14 期发表了《新体育创刊一年告读者》一文，对自己的读者对象和报道任务作了明确的界定，指出读者对象包括学校、工厂、机关、部队的体育运动参与者和广大群众，各单位的业余体育干部和各级体育组织的干部以及学校的体育教员；其主要内容包括：（1）宣传和提倡体育；（2）帮助解决群众和体育干部关于体育知识和技术上的问题；（3）指导体育工作。

《体育报》的创刊词中这样描述其体育报道的基本精神：

> 体育工作要从六亿人民的利益出发，在发展全民体育运动中，必须紧紧依靠党的领导，政治挂帅。马列主义思想作灵魂，在体育战线上，兴无灭资，拔白旗，插红旗；必须使体育运动围绕生产、结合生产，更好地为社会主义建设事业服务。结合全局武装，更好地为保卫祖国服务；必须紧紧依靠群众，走群众路线，多里求精。在普及的基础上，力求提高，在提高的指导与推动下更加普及。……使这份面向广大群众的报纸，真正成为指导体育工作，促进全民体育大跃进的有力工具。

综观两份刊物的创刊词我们发现，“人民”“群众”“运动”“国防”“建设”等与政治挂钩的词汇出现频率较高，体现了当时体育传媒的政治地位，也奠定了这一时期体育报道叙事的总体基调。

1966—1976 年，新中国的体育工作基本停滞不前，大量体委和体育科研机构被撤销，体育院校停办，体育设施荒废或遭到破坏，与国外的体育交流基本断绝。因为鼓吹“以政治斗争为纲”，正常的生产和生活秩序被打断，体育新闻界也遭遇新中国成立以来的最大挫折。《新体育》与《体育报》均于 1966 年停刊，中国体育专业报道几乎停滞，只能在幸存的《人民日报》《红旗》《解放军报》上能找到零星的体育报道。

以“体育”作为关键词搜索《人民日报》电子数据库，可以描绘出这一时期该报体育报道数量的变化趋势（见图 2－2），虽然报道数量的变化无法展现叙事的变迁，但还是可以反映这一时期体育报道的一些特征。

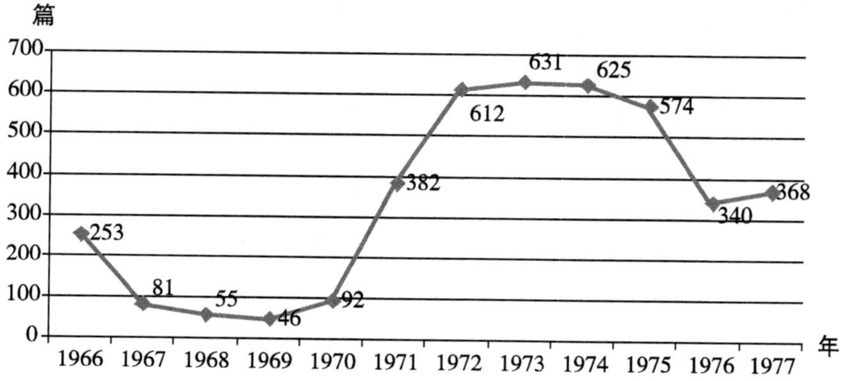

图 2－2　1966—1977 年《人民日报》“体育”主题报道数量变化趋势

首先，从数量上分析，当时体育报道经历了 60 年代后期的低谷，从 1971 年开始数量逐步回升，并在 1972—1975 年形成一个相对密集报道的持续高峰期，直到 1976 年数据才开始回落。这种报道数量上的变化似乎能从当时体育界的发展轨迹中寻找答案。1966—1970 年，体育组织管理系统全面瘫痪，“军宣队”进入各级体委，体育界人士纷纷遭遇批斗、迫害，有“乒坛三英”之称的傅其芳、姜永宁、容国团含冤自杀，第一任全国体育运动委员会主任贺龙被迫害致死。1971 年全国体育工作会议后，国家体委从被军队接管到重新归属国务院管辖，同时为了结束中国在国际上的孤立状态，缓解中苏紧张局势，中日、中美之间展开了一系列乒乓外交活动。1971 年 11 月 25 日，联合国大会以压倒多数通过了恢复中华人民共和国合法席位的决议，1973 年 11 月，亚运联理事会通过恢复中华人民共和国合法权利决议。这一系列国内外局势的变化使得《人民日报》的体育报道数量从 1971 年开始有了大幅度提升，直到 1976 年才逐步恢复稳定水平。

其次，从内容上看，相比新中国成立之初，当时《人民日报》的体育报道除了简单交代事实的一般简讯以外，其他报道全面转向简单的政治口号宣传，其中充满着单一的政治逻辑和非理性的个人崇拜，这从一系列报道标题中可见一斑：如《为革命而跳高》（1966 年 2 月 14 日第 3 版），《毛泽东思想战无不胜　我国运动员以政治带技术成绩普遍提高》（1966 年 1 月 2 日第 2 版），《国家体委系统革命群众向中国赫鲁晓夫及其代理人发起总攻击　狠揭狠批修正主义体育路线》（1967 年 9 月 23 日第 3 版），《在毛泽东思想哺育下茁壮成长——访参加全国五项球类运动员的五位运动员》（1972 年 7 月 2 日第 3 版）等，体育完全被视为政治斗争的工具。

即使是 1972 年 10 月和 1974 年 1 月相继复刊的《新体育》和《体育报》，也没能发出自己的"声音"，而是统一于当时《人民日报》的宣传口径，具体体现在两个方面。

一方面，复刊的《新体育》和《体育报》中充斥了大量关于文革的政治报道，后者往往取代体育报道占据多个版面或版面的视觉强势区域。以《体育报》1973 年 7 月 1 日试复刊第一期为例，报纸头版有 3/4 的面积刊登毛泽东大幅头像和《毛主席语录》摘抄，只有版面下方 1/4 处刊登了报道《在毛主席无产阶级革命路线指引下我国群众体育运动蓬勃发展。

另一方面，60—70 年代每一次运动口号的提出都会对当时的体育媒体报道产生影响，如《职工体育必须面向广大群众——批判刘少奇一类骗子破坏职工体育的罪行》（《新体育》1973 年第 5 期），《努力做到"身体好，学习好，工作好"》（《新体育》1973 年第 6 期），《部分教练员、运动员共同批判"师道尊严"　决心在训练工作中贯彻毛主席革命路线》（《体育报》1974年6月14日），《强大的动力——记批林批孔以来辽宁省运动队展现的新气象》（《体育报》1974年10月11日）。这类报道和《人民日报》的报道如出一辙。

2.1.2 外显的叙述者与“透视内心”的聚焦方式

通过对体育报道史料的分析可以勾勒出这一时期体育传媒发展的基本社会历史语境。在这样的文化语境下，从叙事学的角度观察，当时的体育报道最显著的特征是外显的叙述者在这一时期的体育报道中属于使用效率较高的叙述者模式，无论是叙述者独立于故事/人物之外，还是叙述者处于故事见证者的角色，他们往往喜欢“闯入”故事，以议论的方式干预叙事。这时期的叙事多以“透视内心”的聚焦方式呈现，零聚焦和固定式的内聚焦这两种聚焦方式出现的频率最高，这体现出这一时期的新闻叙事在一定程度上还受到传统叙事的影响，倾向于用全知视角来展现报道者对叙事的驾驭和掌控。为了论证上述观点，将以这一时期的重要体育报道叙事文本为例。

“在新闻叙事中，叙事人采用什么视角，决定对什么聚焦，都是为了制造意义，也都是为了引导接受。”① 从这个角度出发，在体育报道中，零聚焦的叙事使叙述者就好比“从上帝的角度讲故事”，②“可从任何角度观察事件，可以透视任何人物的内心活动，也可以偶尔借用人物的内视角或佯装旁观者。”③ 这种叙事形式有助于形成新闻叙事权威性的话语策略，“能够比较强烈地渗透和浸渍包括意识形态在内的观念内容”，④ 而结合了外显的叙述者又进一步加大了这种

① 何纯．新闻叙事学．岳麓书社，2006：27－28.

② ［法］罗兰·巴特．叙事作品结构分析导论 // 王泰来，等编译．叙事美学．重庆出版社，1987：86.

③ 申丹，王丽亚．西方叙事学：经典与后经典．北京大学出版社，2010：95.

④ 陈霖，陈一．事实的魔方．中国书籍出版社，2011：41.

叙事的话语权威，使叙述者可以以更多方式干预叙事，将受叙者导入自己想要构建的意义层次，以期起到更加明显的宣传说服效果。

乒乓球被视为中国的国球。1952 年 10 月，第一届全国乒乓球比赛在北京召开，这是新中国成立以来少数全国范围内的大型赛事，1952 年 12 月《新体育》刊发了报道《优秀的乒乓球运动员——记全国乒乓球比赛大会》，这篇赛事新闻运用了叙述者和聚焦叙事，零聚焦叙事的运用使叙述者能结合时间进程和空间变化对赛场的所有情况进行无所不在的观察和无微不至的记录，叙述者几乎无所不知，其在叙述时惯常采用的逻辑思路是先提出自己的某一观点再给出典型例证，且时不时在这类叙述中发表居高临下的评点。这种叙述方式体现了叙述者在叙述交流中的权威地位，带给受叙者一种全面和事无巨细的阅读感受，同时，叙述者时不时地通过评点介入叙事，迫使接受者接受其对比赛意义的建构。我们不妨将这篇报道中国首届乒乓球比赛的稿件中的部分叙事段落摘录如下进行分析：

（原文一）这天早晨，各地优秀的乒乓球选手们和观众都带着无比愉快的心情来参加这个隆重的开幕式。

分析：“来参加这个隆重的开幕式”，体现出叙述者处于故事内叙事，叙述者是故事的见证者。文中对所有选手和观众“都带着无比愉快的心情”的描述是一种零聚焦叙事，因为叙述者在这里透视了所有人物的内心，这样的叙事是为了凸显 1949 年新中国成立以来举办首届全国乒乓球赛的意义，让受叙者受到情绪地感染。

（原文二）我们不但很满意地看到了运动员们优异的技术，而且到处看到了他们勤学、勤练、互相帮助的优良作风。

分析：以“我们”进行叙事的故事内叙述者再次采用零聚焦叙事，对运动员技术和作风的评论形成对叙事的干预，目的是向受叙者展现处于新社会的运动员的风采。

（原文三）许多运动员刚刚来到大会，还没有休息，就找场地，借用具，开始练习。饭前饭后和晚上休息时间都不放弃练习的机会。当结束每天比赛的时候，各队都开会检查优点缺点，互相提意见，互相帮助。

分析：叙述者化身为无所不在的旁观者，记录各队的练习情况。

（原文四）他们感到培养年青的运动员是自己的责任。他们认识到新运动员能打败老运动员是好现象，说明了我们国家的乒乓球技术有了进步，所以应该尽力帮助新运动员。

分析：在描述老运动员教授经验的段落里，叙述者进入老运动员的内心，代替人物阐述其心理活动，目的是传达一种鼓励体育界出新人的观点。

综合上述，在这篇通讯中，叙述者运用零聚焦叙事，不断介入叙事的主要目的是建构人们对于这样一场大型赛事的认知，让受叙者感受到赛事竞争的精彩，展现新社会体育人士上进而富有朝气的比赛精神气质，表达对新中国体育未来的美好期望。

处于这个时代的体育人物报道与赛事报道略有不同，在这类报道中叙述者往往处于故事之外，采用固定式内聚焦或不定式内聚焦叙事，选择报道中的某一个或不同的人物作为观察对象进行叙述。叙述者并不回避人物的内心，反而善于运用心理活动的刻画来明显地表达自我对所叙之事或人的看法和观点，以塑造充满爱国精神、形象崇高的体育“英雄”。

新中国成立之初，举重曾是中国少数具有一定国际竞争力的项目之一，中国运动员的第一个世界纪录就是在举重项目中创造的。那么，体育报道中如何刻画举重运动员的形象呢？以《举重运动员

又放卫星 赵庆奎破世界纪录》(《体育报》1958 年 10 月 2 日)一文为例，叙述者以赵庆奎的视角描述了其训练和破纪录的心态：

> 今年以来，他试图打破世界纪录五次没有成功。但是他并不心灰气馁，始终进行着艰苦的锻炼，因而技术和力量有着飞速的提高。……最近，赵庆奎经过一番苦练，更加强了信心，特别在听到陈镜开又创造了世界纪录后，更鼓舞了他，他决心在国庆节向毛主席汇报，向国庆献礼。强烈的责任感推动了他，终于在这次表演赛中创造了这个世界高峰的纪录。

从表面上看，这段心理描写是采用赵庆奎的视角叙事，分析了其打破世界纪录的原因；实际上是叙述者借人物的视角表达对新中国优秀的体育运动员的价值判断，同时也暗示受叙者体育运动员创造佳绩的原因除了自信和苦练，更需要“一颗红心”“政治过硬”。

文革时期，体育报道中的政治宣传意图更加明显。在一篇名为《为革命而跳高》的报道的编者按中指出，运动员取得佳绩的前提是用毛泽东思想武装、保持革命大无畏精神，报道主体部分采用第一人称故事内叙述者叙事的方式，以“我”的讲述展开，叙述了跳高运动员吴浮山如何将“大无畏的革命精神”运用到体育训练和竞赛中以取得跳高佳绩的故事。下面选择叙述中的几个情节段落：

> 一九六〇年全国田径运动会时，正赶上开第十七届奥林匹克运动会，领导上要求这一年的全国田径运动会，要和奥运会比出水平。过去自己也听说体育要为政治服务，也是政治斗争，可自己并不明白，这一次才真正体会运动场上的较量，就是比政治。……在比赛的时候，横竿升到一点五五米，我两次没跳过去。按照规则，每人在每个高度上最多可以跳三次，如果第三次还跳不过去，就算吹了。能不能跳过

呢？这时我看看身上印有“北京”两个大字的红背心，又看看台上的观众，多少双眼睛在看着我。想想党和人民的要求，想到我跳的成绩好坏是关系到祖国的荣誉和向帝国主义反动派作斗争的大问题，顿时觉得不是我一个人在跳，而是代表了全北京、全中国的人民，劲儿变得大多了，最后以一点七〇米的成绩获得第二名。虽然跳出了水平，但觉得任务完成得不好。比赛后，我下决心加倍苦练，为北京争光，为祖国争光。

一九六三年五月的一次比赛中，我跳过了一点七三米，提高了成绩。横竿又升到一点七五米，又是前两次试跳都失败了，第三次我刚跑了几步，觉得步子跑错了，不得劲。我当时想，如果这样凑合跳，肯定跳不过去，但别人谁也不会责怪我；如果我停下来重跳，别人一定会讲我是胆小鬼，害怕了。但我马上意识到稀里糊涂一跳，是对党和人民不负责任。为了对革命负责，争取跳出好成绩，就不能怕别人说，不能怕丢人。于是我跑到竿前还是停了下来，在走回去的时候，重新想想动作，马上又站在起跑线上。我要求自己一定要跳好，要像乒乓球队的同志在零比二时那样。第三次试跳是成功了，但自己想：跳高那么短短两秒多钟的事，思想上还有杂念，真是不应该。要干革命就不能掺假，每一跳，每一个动作都必须兢兢业业为革命，来不得半点私心。每一跳都是党对我们的考验，必须珍惜这每一跳，越是困难，就越是考验和锻炼的好机会。

这两个故事都采用固定式内聚焦的叙事，记录了主人公参与两次比赛时的行动与心理，叙述者的叙述目的不是告知两次参赛中如何取得佳绩的事实，相反，叙述者通过大量心理活动的描述“现身说法”，就像一个可靠的叙述者在替代作者说话，说明革命精神如何帮助主人公攻克难关，主人会如何经历了思想的考验和锻炼，最终获得理想的成绩。与文革前的报道相比，文革中体育报道的叙述者更为明显地干预叙事，叙事经常被大量充满政治宣传口号的个人感悟或评论生硬、甚至是粗暴地打断，言必谈“党”“人民”“祖国”“革命”“斗争”，叙事的逻辑混乱、生搬硬套。这种叙述者对叙事过多的介入和干预，并不一定能起到良好的宣传说服的效果，反而可能让受叙者感到内容僵化，心生厌烦。

总的看来，体育报道处于政治话语高度垄断时期，体育传媒主要是意识形态的宣传工具，这使当时的体育报道呈现出明显的说服目的，在叙事上往往体现出传统叙事的影响。如较多采用外显的叙述者模式，叙述者经常通过评论干预叙事，以明示而非含蓄的方式传达报道意图。叙述者对故事中或故事人物所采取的价值观大多报以认可的态度，一般属于可靠的叙述者。叙述者在交流中是有权威性的，因而在叙事中叙述者在传达观点和引导意义时并没有顾及受叙者的想法，如大量采用零聚焦叙事、固定式内聚焦叙事这样的聚焦形式。这种聚焦形式在深入透视人物内心、将人物的心理活动曝光于众的情况下，也容易导致叙事的平铺直叙、缺乏变化，人物刻画易趋于简单化和模式化。

2.2 以传播信息为目的的叙事

2.2.1 作为信息传播工具的体育传媒

1978年十一届三中全会召开后，体育界面临新的发展契机，开始从“集中精力抓政治运动”向“抓体育业务工作”的重点转移，提出了以“竞技体育为先导，带动体育全面发展”的战略指导方针。[①] 在这一时期，体育报道领域出现了新的气象。

首先，原有的《体育报》和《新体育》依然在体育界享有很高的权威，前者拥有当时中国最大的体育记者编辑团队，记者的专业化程度和专业知识水平很高，在保持机关报风格的基础上，《体育报》也尝试增强可读性，因而仍然在读者心中占有较高的地位。《新体育》也进入了自己的发展高峰期，发行量曾一度超过 100 万份。

其次，各类媒体都加重了体育报道的比重。新华社于 1981 年成立了体育部，建立了自己的体育记者专职队伍；中央人民广播电台每天播放《广播体操》，开办了体育新闻和体育知识讲座节目；中央电视台于 1980 年成立了体育部，并增办了《体育新闻》栏目；《人民日报》的国内版和海外版都设有体育组。截至 1991 年，《人民日报》《中国日报》《解放日报》《天津日报》《南方日报》《广州日报》《深圳特区报》等综合性日报纷纷开辟固定体育专栏，体育报道的数量大幅度增加。同时，许多新闻单位都设立了体育部，从事体育报道的专项记者人数在 80 年代以前只有大约 500 人，到 1991 年全国专项体育记者、编辑已达 2000 人。[②]

再次，晚报成为当时体育报道的重要媒介。20 世纪 80 年代末 90 年代初，全国各地绝大多数晚报都设有体育部（组），开辟体育专版。《北京晚报》和《新民晚报》都有两个版以上的版面报道体育，逢赛事时体育版扩为 4 版或 6 版。[③]

除此之外，这一时期体育报道领域的一股新兴势力引起了大家的关注。1979 年 11 月 7 日《足球》试刊第一期问世，这份体育专

---

① 熊晓正，钟秉枢，主编．新中国体育 60 年．北京体育大学出版社，2010：158.

② 刘小明．迎接第二次高潮——体育报道 10 年谈 // 新闻战线．1991（9）：9 - 10.

③ 郝勤，主编．中国体育通史，第六卷（1980—1992 年）．人民体育出版社，2008：251.

项报纸于次年正式创刊，正如该报前总编严俊君所言，这份报纸的创刊，“天时地利人和三大因素缺一不可”。[1] 这份以广州市足协的名义、由《广州日报》派人员组织创办的报纸，与之前提及的“一报一刊”国字军恰恰相反，被严俊君戏称为“精良精锐的全国野战军”。经过思想的松绑，这份新创刊的体育专项报纸显示了其在体育报道领域的专业追求：

……她作为走在前面的旗鼓，为发展足球运动大声呐喊，提高人们对足球运动的理解；她，作为一座桥梁，沟通运动员和球迷的关系，向运动员传递球迷的表扬、批评和建议，向球迷传递运动员的心声，加深他们之间的互相了解，为推动足球运动开展共同携手起来；她，又是传播先进技术、经验和信息等的媒介，介绍了国内外，特别是世界足球运动的一些动向和资料，有助于人们打开眼界，增广见闻，解放思想，寻找差距，迎头赶上；她为发扬足球运动中的正气，克服歪风，代表广大球迷发表意见，对运动员、球迷起着良师益友的作用。[2]

1995 年 1 月 30 日，严俊君在《足球》头版发表的《有“野”心 办“野”报》一文，进一步表明了这份报纸对自己的专业叙事人的看法：

若球迷想知道的，而决策者又不想公开说的，只要是有利于足球改革，我们“野”报也要说。

有圈内人这样评价严俊君的这番表态：

---

① 严俊君．一个时代的产物 // http：//sports. qq. com/a/20090101/000486. htm. 2009 – 01 – 01.

② 百尺竿头　更进一步——足球创刊一周年献词 // 足球．1981 – 01 – 06：1.

摆明了是不再像其他媒体那样和光同尘，而是“不惮以最坏的恶意”来评判足协的言行。在当时的语境下，也许只有广州或广东，才能容得下这样定位的报纸。①

《足球》的兴起表明，改革开放以来伴随新闻界的体制改革和媒体的产业化，追求新闻专业主义的体育传媒已经出现。相比《新体育》《体育报》等“国”字军、机关报徘徊于双重角色定位的尴尬境地，《足球》虽然挂靠于广州市足协，但并不愿意继续体育机关报的老路，而是将自身置于与政府相对独立和平等的位置，敢于批判和针砭时弊。

《足球》创刊八年后的1988年7月1日，湖南创刊了一份综合性体育报纸——《体坛周报》，这份原隶属于湖南省体委的报纸在创办之初并没有引起大家的注意，但是在《新体育》《体育报》的传统体育报道和《足球》的足球专项报道之外，《体坛周报》找到了这块报道领域的空白，加大了对奥运会、欧洲足球联赛的报道投入，从90年代中后期开始迅速崛起，现已成为发行量最大的体育专业报纸。

社会环境的变化使20世纪80年代的体育传媒也发生了角色的变化，媒体不再以政治宣传作为最主要的目的，传播体育赛事信息和普及体育知识逐渐成为这个时期体育报道的主旋律。这种变化也在体育报道叙事中逐步显示出来。

2.2.2 营造客观叙事效果的叙述者—聚焦者模式

在这一时期的许多体育报道中，外显的叙述者模式已经开始向内隐的叙述者叙事转变，主要采用两种叙述者—聚焦者模式。

第一种是运用故事内叙述者和固定式内聚焦叙事。这时的叙述

① 张路平．骂足协是一种本分//全体育．http：//sports. qq. com/a/20100415/001393. htm，2010－04－15.

者主要以“记者”的称呼出现，但是记者并不是参与故事的主要人物，而是扮演着旁观人和见证者的角色，叙述者和聚焦者相互重合，通过记者的观察和采访描述和呈现故事中其他人物的行动。这种叙事方式与前一时期的故事内叙述者—固定式内聚焦叙事的差别在于，叙述者在故事内但不是故事的主人公，他的视角受限，不能透视其他人物的内心，只能通过采访，用对话、引语的形式叙述其他人物的想法，这就使新闻呈现出更为客观的阅读效果。这类报道突出了记者的在场感，因而经常被用在专访报道中，在一定程度上可以体现媒体报道的独家性。这种叙述者—聚焦者模式目前仍是媒体报道中的主要模式。

另一种是以故事外叙述者的身份对参与体育赛事的人物和现场做外聚焦。在这种叙述者—聚焦者模式中，叙述者和聚焦者相互重合，不参与故事，完全置身事外，聚焦者也不能像零聚焦或内聚焦那样透视人物内心。在体育报道中，这种叙述者—聚焦者叙事着重描绘出现在赛场内的人物，但完全不深入人物的内心世界和精神活动，通过白描笔法让人物仿佛在戏剧舞台上自己展示自己的命运，叙述者并不发表议论或直抒胸臆，与叙事保持一定的距离，以营造出客观真实的审美效果，让受叙者获得更多的思考空间去理解叙事的意义。

《足球》创刊后在业界站稳脚跟，与它1982年、1986年关于足球世界杯赛浓墨重彩的报道不无联系。作为以足球为专业报道的媒体，《足球》花大篇幅，派驻外记者采写报道，在当时引起了较大的反响。以1982年《足球》世界杯特刊对巴西与意大利之战的报道为例。1982年7月6日《足球》第1版的《巴西队遇克星——记意大利队胜巴西队之战》，着重采用了叙述者—聚焦者模式叙事，用三段文字记录了比赛场面的一波三折，让读者有身临其境之感：

双方比赛至4分45秒时，意队16号孔蒂斯得巴西队的球，随即沿右边推进，眼看巴队已摆好防守队形，马上又把球向左边大转移，4号卡布里尼抢前把来球控住，沿边推进，再把球转向右边发球区附近，只见意队金童罗斯（20号）冲前跃起，迎球一顶，球破门而进，首开纪录。

12分钟时，济科再次接到来球，眼看同伴苏格拉底向前斜插，济科把球直传给苏。苏把球向前推动，乘意队门将佐夫移前封位之际，举脚怒射，球迅速破网，使比分扳为平局。

在比赛至75分钟时，意队利用一角球机会，由1号把球开出，球落到点球附近，双方争顶，把球顶在意队9号附近，9号随即抽射，埋伏在巴队心脏的金童罗斯，再顺势补一脚，巴队门将毫无反应，给金童罗斯三立其功。

20世纪80年代初，还没有直播足球赛事的电视节目，在海外举行的世界杯赛更是鲜有球迷能亲赴现场观战，报纸的报道是中国人获取赛事信息的主要渠道。因此，当时的赛事新闻对比赛的整个过程和细节进行非常细致的描述和刻画，叙述者采用外聚焦叙事清晰地扫描了所有人的行动，并将之还原出来，营造一种强烈的现场感，以飨读者。

2.2.3 揭秘类叙事的叙述者—聚焦者模式

这一时期，由于体育传媒类型多样化，机关型媒体和大众型媒体，综合型媒体和专业型媒体相互并存，体育报道领域不再被少数媒体垄断，体育信息供给的迅速增加使体育报道的市场从“卖方市场”进入“买方市场”，商业主义对体育报道的影响开始初露端倪。竞争格局的变化促使体育媒体更加注重挖掘独家消息来源，以独家新闻赢得受众的青睐。

1991年下半年，《足球》通过连载的方式刊发了高丰文的《我这四年》。1994 年，《体坛周报》以类似的方式刊发了年维泗的《欣慰与悲怆》。这两篇报道在中国足球发展史中具有特殊的地位，以独家方式刊发两文使这两家报纸名噪一时。

高丰文是中国国家男子足球队前主教练，曾率领中国男足参加第 24 届奥运会足球预选赛，取得了进军汉城奥运会的资格。1991 年 3 月即将卸任时，高丰文执笔记录了自己自 1986 年执教至 1990 年亚运会足球赛中国队负于泰国队后辞职的经历。在这篇类似传记体的文章中，运用了故事内人物叙述者和固定式内聚焦的叙事，叙述者是故事的主人公，直接参与故事的进程，叙述者和聚焦者重合，通过内聚焦叙事讲述历史。《我这四年》这样开篇：

> 我作为“过来人”，仍愿为中国足球的腾飞作一块小小的铺路石。为此，我艰难地握起手中的笔，在往事的思绪中编织，以求织出一幅如实的画图，呈现给亟待腾飞的中国足球事业，为了大家，也为了自己。……我愿倾我个人的能力，尽可能把历史的真实告诉大家，也算是我对所有关心中国足球队的众位乡亲父老们的深情致谢。

在新闻报道中运用这种叙述者—聚焦者模式最大的作用是，制造一种“历史揭秘”式的叙事效果，叙述者是知情人，叙事是满足受叙者预知某段体育历史或事件“内幕”的知情权，同时，媒体在刊发这样的新闻时以满足受众知情权的“揭秘者”角色示人，在受众心目中树立一种独家和权威的形象。

体育记者李承鹏曾评论：“高丰文的《我这四年》在诠释了个人遭遇以后，没有指引中国足球的迷津。”① 但从叙事的角度看，恰恰是因为他采用了叙述者—聚焦者模式，才使他在叙述中视角受限制，

① 李承鹏．国奥总结莫成手纸 用良心书写“白皮书”// 足球．http://sports.sina.com.cn/n/2004－05－03/0945869924.shtml，2004－05－03.

以至于不可能脱离个人的观察和经历，因而高丰文看到的中国足球的四年历史只是从个人遭遇出发的历史，难以从多重视角切入，对这段历史的经验和教训做更为深入的总结和反思。从另一个角度看，采用这种单一的视角模式叙事，也使得这篇稿件更为真实可信，比较客观地呈现了高丰文任教四年间国家足球队的历史。这不像早期报道中惯常使用的故事外叙述者零聚焦叙事那样无所不知，也不同于以第一人称叙述为主的故事内叙述者固定式聚焦叙事多以经验交流和思想宣传为其目的，正如高丰文所说，这一时期此类报道的根本价值在于尽可能通过历史知情人去还原体育发展历程中鲜为人知的历史真相，这种真实当然只是出自个人认知的真实，不能与现实真实完全等同，但对于真实再现事实的追求表明这一时期的体育报道已经将信息传播，而非政治宣传作为自己的主要目的，体育传媒已确立自己将体育报道视为一种新闻传播产品。

相比历史叙事的开阔宏大，个人视角的叙述融合了更多情感和感受，也更易唤起共鸣。这是此类叙述者—聚焦者模式得以在新闻领域推行的另一个原因。1994 年，中国足协前主席年维泗的《欣慰与悲怆》在《体坛周报》上连载。这篇文章同样采用个人传记式的叙事，很多内容似乎是对高丰文一文的回应。长文《欣慰与悲怆》以“辞职”为开端：

> 在中国，辞职绝不是一件小事情，对当事人来说不会是轻松的——即使对我这样一个发自内心要辞掉“中国足球协会主席”职务的人，也是一个困惑和痛苦的选择。

叙述者紧接着简述了 1990 年国庆之夜中国足球队意外败给泰国队的事实，发出感叹：

> 也许人们可以找到十个理由替中国足球的现状辩护，但我这个足协主席却没有任何理由替自己辩解。

我只有以辞职来平息内心的歉疚，

我只有以辞职给我的工作画上悲怆的句号；

我只有以辞职唤起人们对足球的新的希望。

比赛结束的刹那间，我的精神近乎垮了，难道我就这样与我四十余年的足球生涯告别？

个人的命运在历史的洪流中可能无足轻重，但个人的情绪与感受能产生感染力。20 世纪 90 年代初，寄希望于中国足球的举国球迷因为中国国家队的糟糕表现而愤怒、迷茫。这时，作为中国国家足球队的管理者和主要参与者有义务给球迷一个说法，而运用类似个人传记的方式讲述故事，叙述者对自我内心的剖析，实际上也是以一种交流的身份将受叙者带入叙述情境，从而使后者能设身处地地思考自我面临的困境，以“示弱”的方式博得情感上的信任和支持。这其中传媒扮演的角色是构建了体育迷和体育管理层之间的信息沟通平台，以更多消息来源尽可能让体育信息传递更加透明，以更多独家消息来源为自己博得信誉。

2.3 满足视觉享受的“看”的叙事

2.3.1 政治和商业力量交织下的电视体育传媒

中国电视与体育的结缘可以追溯到 20 世纪 50、60 年代。早在 1958 年 6 月 19 日，北京电视台就曾实况转播北京男女篮球队与八一男女篮球队的比赛，1958 年底，中央电视台《体育爱好者》开始不定期播出，1960 年 1 月，该节目成为中央电视台的固定体育节目，每周二、五播出。1961 年 4 月，中央电视台在 10 天时间里转播了北京举行的第 26 届世界乒乓球锦标赛的 14 场比赛。

然而，直到 20 世纪 90 年代前期，电视体育报道都属于体育报道领域的冷门。中央电视台体育部前主任马国力曾讲述过自己 1982 年到体育部报到的故事。他到中央电视台人事处报到时被告知分配到专题部体育组，他对自己即将参与的工作一无所知：

> ……对体育部究竟是干什么的真的不甚了了，隐隐约约还有个错觉，体育部大概是工会一类的性质，组织职工日常体育锻炼的。……这么着我看了一个星期的旧影片，还是没有人告诉我该做什么，似乎我的工作就是上班打开水，然后喝茶，然后看报，再然后回家。①

马国力的个人经历从一个侧面反映了当时体育类电视节目的地位。

中国的电视体育传媒是在政治和商业的双重影响下逐步兴盛的。1990 年，北京成功举办了第 11 届亚运会，中国体育界从中积累了承办大型国际体育赛事的经验，并从 1991 年开始踏入了第一次申奥之旅。1993 年 9 月 23 日，北京以两票之差在 2000 年奥运会申办中惜败悉尼。总结申奥失败的经验教训，中国体育界为了提升中国竞技体育的国家地位，使中国成为竞技体育大国，于 1993 年 11 月正式提出制定和实施《奥运争光计划》。《奥运争光计划》落实了 1984 年全国体育发展战略会议中提出的“奥运战略”构想，中国竞技体育进一步确立了以奥运会作为最高层次目标，以奥运夺金为目的的发展理念。在这种发展理念的影响下，参加奥运会并取得优异成绩被视为提升中国国家形象的重要战略，四年一度的奥运会成为电视媒体着力塑造的“媒介事件”，历届奥运会的报道也见证了电视传媒的崛起。

1984 年，中央电视台第一次转播奥运会开幕式，当时只派了五个人去洛杉矶，1988 年、1992 年，中央电视台的奥运报道团队虽然

---

① 马国力．马上开讲：亲历中国体育电视 30 年．中国传媒大学出版社，2012：21－22.

相比之前人数有所增加，设备也相对更先进，但仍与西方同行相去甚远。1995 年中国中央电视台体育频道（CCTV5）开播。在 1996 年亚特兰大奥运会期间，CCTV5报道人数增加到 60 多，拥有了自己的演播室和评论席。2000 年、2004 年，报道人数先后增加到 110 和 160。

2008 年，中国第一次举办奥运会，北京奥运赛事转播被视为一项重要的政治任务。中央电视台和各地方电视台都斥巨资转播和报道此届奥运会，仅中央电视台就用三个报道中心（中央电视台新台址、奥运村的国际广播电视中心 IBC 和中央电视台现台址），投入十多个频道进行报道，而其中最令人难忘的就是浓墨重彩的开幕式直播。这场排演无数次的重大仪式从序幕开始，上篇是“灿烂文明”，分“击缶而歌”“历史足迹”“梦幻五环”“画卷”“文字”“戏曲”“丝路”“礼乐”等章，全面展示中国古代历史和文化的经典内容，下篇是“辉煌时代”，分“星光”“自然”“梦想”三章，意在表现当代中国的魅力。这场总长度约 3.5 小时、近 2 万人参与的演出，是一场耗资巨大、气势磅礴的国家形象宣传表演。中央电视台多个频道并机直播开幕式，两位主持人以饱含深情的语气解说这场盛大的仪式，并无时无处不忘提醒观众这是一场具有重要政治意义的仪式：

> 就让我们穿越时空，一同倒数，让震撼的节奏，激荡千年祖国的万里长城疆土，激荡中华民族的奔腾血脉，共同迎接中国的奥运时间光耀莅临！

> 这个璀璨的五环会让我们记住，北京的星空里终于有了奥运五环的印记，更会让全世界都记住，奥运会的记忆中，从此有了中国的传奇。

> 当鲜艳的五星红旗高高飘扬，绚丽的焰火绽放出古老中国最艳丽的表情，这个夜晚属于腾飞的中国！这份喜悦属于

奥运的北京！

全世界的朋友都会领略优雅的东方情韵，了解悠久的中国文化，感受中国的现代魅力。

以上只是解说中截取的几个段落，类似的充满爱国豪情的语言贯穿了整场解说。做一个简单的词频统计后可以发现，“中国”一词出现频率最高，共 61 次。表现爱国热情的词汇也反复出现，如“祖国”和“我国”各出现 2 次，“中华民族”出现 4 次，“中华”和“天国”各独立出现 1 次。可以看出，其中政治对电视体育报道的影响不言而喻。

电视体育传媒的兴起还与 20 世纪 90 年代中国体育的商业化进程不无联系。在 1990 年北京亚运会上，中国人首次开始作为赛事组委会面向世界销售大型赛事电视转播权。1992 年，中国体育学术界开展了关于“电视转播与商业化”的讨论。1993 年，国家体委曾筹备成立“中国体育电视台”，由于受到国家政策的限制，最后没能实现。① 随后，中央电视台成立了体育频道。1995 年 6 月，国家体委下发了《体育产业发展纲要》，推动体育的职业化改革和产业化发展。足球、篮球、排球和乒乓球等项目纷纷推行职业联赛制度，这也为电视体育报道提供了大量素材。与此同时，赛事的电视转播权市场进一步发展。1994 年，中央电视台向中国足球协会提供了 56 万元赞助款，以广告形式支付，获得全国足球甲级联赛转播权。1999—2001 年，中央电视台支付电视转播费 1100 万元，获得甲 A 联赛的全国独家首播权。除了中央电视台，山东、辽宁、北京、上海、天津、广东等地方电视台体育频道也相继设立，体育节目的种类和播出总量都迅速增加，电视体育报道的出现使原有的体育传媒市场

① 曹守和，主编．中国体育通史，第七卷（1993—2005 年）．人民体育出版社，2008：99.

格局发生了很大的变化。

电视体育报道中视听结合的直观效果为其带来了丰厚的商业回报，电视体育报道因而也成为推广商业体育的重要平台。人们对大型综合性体育赛事的关注，使电视体育报道在获得收视率狂潮之外也收获了大量广告和转播权收入。中央电视台早在1997年就买断了包括2000年悉尼奥运会在内的连续三届奥运会转播权。依靠雅典奥运会获得了约7亿元人民币左右的广告收入，在2008年北京奥运会期间的广告收入更是高达20亿—30亿元。[①]

一方面，电视体育传媒的发展受到政治和商业的双重影响；另一方面，电视体育报道作为依托于电视传媒形态而产生的体育报道新军，对叙事话语的创新不容小觑。

2.3.2　双重叙事机制下的干预式叙述

作为一种影像叙事，电视叙事与电影叙事具有较多共同的特征。电影研究先驱阿尔贝·拉费认为，任何电影叙事都具有一个逻辑的情节，是一种话语。电影的叙事是由一个“画面操纵者”、一个“大影像师”安排的。[②] 电影叙事采用一种双重叙事机制，“当一种机制公开地用活生生的声音讲述故事的时候，‘大影像师’这另一种机制并不显示其自身，这是一个虚构和不可见的人物……在我们的背后为我们一页页地翻动相册，用隐蔽的手指引导我们的注意力。”[③] 安德烈·戈德罗和弗朗索瓦将拉费所说的“大影像师”称为“暗隐叙述者”，与之相对的，在一部影片中出场的所有叙述者其实只是一些代理叙述者，这些视觉化的叙述者的叙述只是“讲述之下的讲述”，

① 陈承．揭秘奥运转播利益链 // 21世纪经济报道，2012-07-27.

② ［法］阿尔贝·拉费．电影逻辑 // ［加］安德烈·戈德罗，［法］弗朗索瓦．什么是电影叙事学．刘云舟，译．商务印书馆，2005：14.

③ ［法］阿尔贝·拉费．电影逻辑 // ［加］安德烈·戈德罗，［加］弗朗索瓦．什么是电影叙事学．刘云舟，译．商务印书馆，2005：49.

也可被称为“次叙述”。[①] 可以说，双重叙事机制是影视叙事有别于文字叙事的最主要的特征之一。

电视新闻叙事与电影叙事的区别之一是，双重叙事机制运行的方式相比电影更为简单。因为电视新闻中的暗隐叙述者和代理叙述者不必像电影中那样运用不同的技巧制造声音的重叠或分化，以追求反讽或众声喧哗等多样化的审美效果。在电视新闻叙事中，代理叙述者主要为“主持人”、“出镜记者”、“图像叙述者（同期声）”，这些叙述者的声音通过电视新闻制作机制的剪辑和过滤，去掉了“杂质”，最后体现出的是统一于一个“声调”和“价值”的叙事。[②] 相反地，如果电视新闻中代理叙述者和暗隐叙述者之间出现了声音的分化，则会带来令人费解的叙述效果。如在赛事直播类体育报道中，解说员限于专业储备或其他原因对比赛进行错误的描述时，因为画面语言同时在传达另一种声音，这两者的分化就容易引发观众误解，产生对解说员叙述的质疑和不满。

电视新闻叙事与电影叙事的区别之二是，作为主持人或解说员的代理叙述者对叙事的干预性更强。不同于电影叙事中“大影像师”的暗隐，在电视新闻叙事中，作为代言人的主持人和解说员在多数电视新闻叙事作品中采用零聚焦模式，他们是节目话题的引导者，以全知视角俯瞰新闻事件或新闻人物，经常“闯入”故事的讲述过程中，就好比传统叙事中的“说书人”，对新闻事件或人物进行“高高在上”的点评，以使讲述符合媒体认知的价值和逻辑。在电视体育报道领域，常见的具有叙事特征的节目类型如体育新闻和体育专题报道。主持人叙述或画外音讲述经常作为节目的开端，成为开启故事的必要部分；在节目的进程中，时不时有旁白对画面进行解说、

① ［加］安德烈·戈德罗，［加］弗朗索瓦．什么是电影叙事学．刘云舟，译，商务印书馆，2005：64.

② 李勇．电视叙事的特征 // 当代传播，2003（12）：76.

分析和评价；在节目的结尾处，经常需要主持人现身，或是采用画外音、字幕等方式对叙事做总结。这种模式化的叙述方式体现了电视体育报道中叙述者对叙事的干预性较强，电视体育报道中声画合一，暗隐叙述者和代理叙述者的共同配合，在满足观众视觉享受的同时潜移默化地完成对叙事意义的建构。

以中央电视台《足球之夜》2004 年 1 月 8 日播出的《十个这样的人》第五集为例。《足球之夜》创办于 1996 年，是中央电视台体育频道创立之初的品牌栏目，也是电视传媒探索专题节目的里程碑，它打造的“足球之夜，球迷每周的节日”的口号不胫而走，张斌、刘建宏、黄健翔等主持人成为后来体育频道的中流砥柱。

2003 年，在中国甲 A 联赛的最后一年，《足球之夜》推出了纪念联赛的系列节目《十个这样的人》，将镜头对准了甲 A 历史上知名的球员和教练员。这个系列报道的第五集是关于郝海东的报道，我们以这期节目分析电视体育报道在双重叙事机制下的干预式叙述。

节目伊始，伴随着一个个经过剪辑的与郝海东相关的画面，画外音开始讲述：

> 这是他最标准的动作，这是他最著名的判例，这是他最轰动的言语。他是十年甲 A 的第一射手，他收获的荣誉首屈一指，他遭受的处罚重中之重。在他身上集结着太多的冲突：梦想与体制、性情与规则、规律与常情。十年弹指一挥间，本期人物郝海东笑谈他特立独行的处世学说。

这段讲述已经为整个节目奠定了一个基调，即着重刻画人物“冲突”和“特立独行”的特性。画面切换进演播室，主持人与郝海东对坐，专访开始。在两人的对话中，主持人的提问遵循节目已经制订好的逻辑和宗旨，两人的对话以篇章的形式剪辑成“好好读书”“新愁旧怨”“验明正身”“举一反二”“十年两省”“故事新编”“良师益友”“风险投资”“誓不罢休”等九个片段，每个片段以主持人和郝海东的问答组成一个个小故事，而这些小故事前后连贯构成了镜头中郝海东的足球生涯，展现了节目伊始对郝海东特性的定义。

图 2－3　《十个这样的人》第五集中的镜头

节目尾声，屏幕中再次打出郝海东比赛的画面，并以字幕的形式回顾郝海东的甲 A 战绩，最后画面出现了郝海东进球的场景，他高举食指庆祝，字幕则以诗人食指的励志诗句做定格：

> 我要用手指向那涌向天边的排浪
> 我要用手撑起那托住太阳的大海
> 摇曳着曙光那枝温暖漂亮的笔杆
> 用孩子的笔体写下：相信未来

在节目中，尽管主持人和郝海东是表面上最明显的叙述者，似乎关于人物的故事就是通过他们的对话在讲述，但实际上我们前面分析的节目开始时的画外音、节目进程中的字幕和镜头的剪辑在叙述中不断“闯入”，这种叙述节奏的间隔是暗隐叙述者对故事叙述的干预，是为了对故事意义进行诠释。在这个人物报道中，所有的叙述都是为了建构一个个性冲突、特立独行的射手形象，并最终通过人物本身表达对中国足球未来的期待。

2.3.3 多重式内聚焦的立体叙述

采用多样化的聚焦者模式，运用视点的转换，形成叙述的戏剧化效果，这是影视叙事的一种技巧。1950 年黑泽明导演的电影《罗生门》就是采用多重式内聚焦叙事的典范，影片中不同人物从各自角度出发对同一故事的叙述让受叙者难辨真伪，看似相互矛盾的讲述增添了故事的戏剧冲突。这种聚焦模式运用在电影中能产生一种立体观察的效果，使受叙者从多方面去了解所叙述的故事，且在虚虚实实中为叙述的故事增加多义性，使受叙者拥有更多对故事进行思考的空间。

在电视新闻中，多重式内聚焦的运用主要不是为了增加对故事多义性和不确定性的表达，而是为了一方面增加故事的戏剧性，使叙述显得具有悬念和张力，另一方面体现视角的多维性，营造报道真实全面还原了事实本来面目的叙述效果。在一些体育专题节目中，这种聚焦模式的运用较为普遍。如《足球之夜》2005 年 5 月 19 日播放的《中国足球大事记：5・19——一个时代的缩影》就采用了这种多重式内聚焦的方式叙述了发生于 1985 年的中国足球史上著名的“5・19 事件”。在长达 81 分钟 10 秒的节目中，先后出现了十几位人物讲述这段历史，其中包括当时的国家队主帅曾雪麟，以“5・19 事件”为蓝本的电视连续剧《足球启事录》的编剧金汕，中国足协的顾问马克坚，当时的中国足协副主席年维泗，中央人民广播电台记者梁悦，中国队以前的球员赵大裕、李辉，当年中国队的守门员路建人，当时中国香港队的主教练郭家明，中央电视台记者孙正平，球迷王占军等。节目通过介入事件的不同人物的聚焦，从当年的国家队选帅、赛前的自信满满、比赛时落后—追平—再落后的起伏、赛后的骚乱等多个故事层面透视了“5·19事件”。球员、教练、对手、媒体、球迷从不同的角度对这一历史事件进行回顾，不同人物的娓娓道来增添了故事内部的戏剧张力，使故事呈现出立体多维的叙述效果。

以该报道叙述的当时比赛临近结束时的一个情节为例，电视画面展示香港队员受伤，中国队员李辉上去拖着香港队员的脚向外拉，两队球员聚在一起发生争议的景象，不同的人物从各自的视角讲述了这一球场风波：

李辉：当时比赛在对方的门前可能是一次传中进攻以后，球出界了，是怎么着，碰了一下，他就倒地，这个时候他半天不起来，完了说实在当时也没考虑，就知道他是装，他也是装，裁判也知道，所有人都知道，但是呢，其实这是一个比赛的一种手段，包括我们的球员，包括我在以往的比赛当中也有这种情况，是不是，就是需要我们延长一段时间，但是当时那种心态，有点扭曲，那种心态连想都没有想，说实话就当时那种情况你真的要我再去拖一个人，我可能就拖不去，可是那时候我就觉得根本连想也没想，我没费多大劲一下给他拖出去了，当时是对方队员这时候都过来了。

曾雪麟：从李辉的这个表现就看得出来，都急眼了，把对方队员拉到端线外去，恨不得，另外呢，香港的队员他做小动作特别多，要你急要你生气，我们也上他的当。

王占军：实际上他是装病，诈伤。这个咱能理解，作为一个队员，我赢着，或者说怎么怎么着，那我就是装躺下不起来，李辉急了就往外拉人家，跟拉死猪似的。当时的队员也急了，球迷也急了，耍什么赖，也喊，他就不起来。

郭家明：在那浪费时间，所以他这个情况，是一般都有这个反应，所以我去叫他们安静一下，不要太冲动，这个很重要，集中心思这个很重要。

李辉：这要输了我干什么呀，还能再踢嘛，真的当时有这种感觉，一次两次得不了手，当时确实在场上就有这种想法，特别是越到比赛越接近的时候确实很难再集中到比赛当中去，因为集中到比赛当中去的一直出不了效果，而且看不到会有什么效果的时候。

中央电视台体育频道2005年播出的这期节目，距离“5·19事件”发生已经过去20年，人们对这一事件的发生经过已经了解，因此，节目将重点放在了集中展现不同人物在经历这起事件时的内心感受，并让人物在当下重新审视当年的自己，以给当下的观众一个更为多元的视角，让这一历史事件有重温的意义。

2.4 “流空间”里众人书写的叙事

2.4.1 互联网体育传媒的成长与壮大

20世纪90年代末至21世纪初，中国的网络媒体迎来了快速发展期。凭借互联网的海量信息容量、即时传播特性、多媒体的容纳度和及时充分的互动等特征，网络媒体成为一种发展势头迅猛的新兴媒介。

网络体育报道最初兴起于网络论坛。1998年，新浪网、中华网和比特网（Chinabyte）等网站的体育频道凭借在1998年世界杯中迅速快捷的报道，成为体育报道中的新生力军。与此同时，类似“鲨威体坛”这样的专业体育网站也加入了体育报道的市场。据统计，目前从事体育报道的网站主要有四类：（1）官方体育网站，如国家体育网站中国体育信息网；（2）综合性网站的体育频道，包括党政机关门户网站体育频道和商业门户网站体育频道，如新浪竞技风暴、搜狐体育等；（3）专业体育网站，如华奥星空；（4）传统媒体网站开办的体育频道或体育专业网站，如新华网的新华体育、《体坛周报》的体坛网。[①] 随着，受众群逐步增加，网络体育传媒已成为传统媒体无法小觑的强劲竞争对手。

2008 年北京奥运会在网络体育传媒发展中具有重要的里程碑意义。当时国际奥委会首次将互联网、手机等新媒体作为独立转播机构，并对新媒体的转播权进行了授权拍卖，这标志着新媒体与传统媒体一起被列入奥运会的转播体系，网络体育传媒与传统体育传媒呈分庭抗礼之势。据统计，当时作为奥运会官方互联网和移动平台转播机构，央视国际推出的 CCTV 网络电视奥运台共开设 60 个直轮播频道，实现 7900 小时首播量和 18500 小时总播出量；手机电视奥运台为手机用户提供视频直播、点播、下载等服务；新浪建立了近 600 人的前后方报道团队，作为奥运官网承建网的搜狐拥有 300 多张工作证件，并与华奥星空、中体在线以及全国奥运媒体联盟组成联合报道体。[②]

2008 年后，得益于 Web2.0 技术和网络视频技术的发展，移动互联网的逐步普及，互联网直播体育赛事成为网络体育报道中人气最高的类型。快速、流畅的视频直播，开放、互动的交流环境，多项赛事的同时在线直播，这些都成为吸引体育迷的重要砝码。而这类网络新兴的赛事报道也体现出不同于传统体育报道叙事的叙述者—聚焦者模式。

---

① 张铁楠，黄若涛．我国体育媒体的产业现状研究 // 现代传播，2009（6）：104－106.

② 范洁．奥运，新媒体发力 // 传媒，2008（9）．

2.4.2 “众声喧嚣”的复调叙事

“流空间”是指“经由信息流动形成的共享时间的社会实践的物质组织，是一种特殊的空间形式。……在网络社会的网络结构中，传统意义上的地域丧失了它的意义，人们不再需要拥挤于狭小的城市空间，一切社会活动都可以在地理上获得延伸”。[①] 网络直播体育赛事也是一场预先策划的媒介事件，来自不同地域的网民在一个约定的时间内聚集在新媒体提供的直播平台中，大家通过在互联网提供的分享方式嵌入共同的话题来形成一个短暂而热闹关于比赛的“流空间”。在这个热闹的“流空间”中，网民一面观看着网站提供的直播视频，一面对赛事进行自我的解读。

与电视直播不同，网民的发言在在线直播中是即时的、外显的，网民既可以在第一时间看到自己的发言，也可以看到别人对比赛和赛事转播的点评；而在线直播主持也有别于电视直播主播，需要更及时地回应网民的提问，与之进行互动。主持人和嘉宾对比赛叙述除了体现其个人的风格，更在一定程度上受到网民态度的影响。如果将在线直播视为一种伴随新媒体兴起而产生的新的体育赛事报道的叙事方式的话，这种叙事与旧媒体叙事最显著的区别就在于其是一种众人书写的报道。虽然主持人和嘉宾的个人叙事是主导，但网民的众声喧嚣使比赛的话语不再受专业媒体机构掌控，“自上而下”的叙述和“自下而上”的叙述同时在流空间中积聚，专业视角和非专业视角的碰撞使这类叙事呈现出文学领域复调小说般的叙述效果。

复调小说理论源自文艺理论家巴赫金1929年出版的《陀思妥耶夫斯基的创作问题》一书。巴赫金认为，过去的小说大多是一种受到作者统一意识支配的独白小说，而陀思妥耶夫斯基创作的小说不

① 聂庆璞．网络叙事学．中国文联出版社，2004：61.

同，属于“多声部性”、“全面对话”的小说，他借用音乐理论中的“复调”概念将此命名为“复调小说”。在巴赫金看来，复调小说的基本特征是主人公自我意识的独立性、对话性，主人公与主人公、主人公与作者的平等、对话关系。他认为，作家在小说的体裁结构上，继承和改造了古希腊、古罗马文学中的梅涅普体，后者“主要以古代狂欢式的世界感受、广泛的平等对话精神为基础，在狂欢中，所有的人都是平等的积极的参与者。……对话精神贯穿小说结构”。[①]文学的狂欢化是巴赫金在复调小说理论中提出的一个重要观点。他认为，“在狂欢中，人与人之间形成了一种新型的相互关系，通过具体感性的形式、半现实半游戏的形式表现了出来。……人的行为、姿态、语言，从在非狂欢式生活里完全左右着人们一切的种种等级地位（阶层、官衔、年龄、财产状况）中解放出来”。[②] 在狂欢中，人们之间随便而又亲昵的接触，变得像插科打诨、不拘礼数，彼此俯就不惜格调粗鄙。这些具体的感性的思想伴随狂欢节文化在欧洲流传，并对文学产生了巨大的影响，“摧毁不同体裁之间、各种封闭的思想体系之间、多种不同风格之间存在的一切壁垒”。[③] 拉伯雷和塞万提斯的作品就体现了文学狂欢化的特征。

从这个角度看依靠新媒体在线直播进行的体育赛事报道，由于叙述者构成的多元化，叙述者之间地位平等，保持对话交流，在叙事上也展现出类似狂欢化的效果。无论是网站的在线直播还是其他新媒体客户端的在线直播，都在“流空间”中构筑了一个“狂欢广场”，主持人、嘉宾和在线网民就是这场狂欢节的参与者，相比电视直播赛事时主播和嘉宾解说权威性地贯穿叙述，他们在这个虚拟的

---

① ［苏］巴赫金．陀思妥耶夫斯基诗学问题．白春仁，顾亚铃，译．三联书店，1988：2－6，中译本前言．

② 同上：176.

③ 同上：190.

空间中更随便和亲昵地接触、插科打诨、甚至话语粗俗。

以一年一度的美国职业篮球联赛（NBA）的网络直播为例。观看 NBA 赛事的网络在线直播且参与直播互动，是一些表达欲强和爱好分享的年轻球迷们享受比赛的最佳方式。以下选择 2013—2014 赛季 NBA 联赛的揭幕战中热火队与公牛队的比赛作为个案，观察新浪体育频道对这场比赛的在线直播。热火队在 NBA 之前的两个赛季连续获得总冠军称号，热火队的詹姆斯、韦德和波什被称为“三巨头”，是 NBA 屈指可数的明星阵容。公牛队是知名球星乔丹曾经效力的球队，其现役当家球星罗斯曾获联盟最有价值球员（MVP），在上一赛季中受伤，这场揭幕战是其复出首战。由此可见这场比赛吸引力之大。如果将网民参与的书写作为研究对象的话，可以将此类叙述具体划分为以下几种类型：

招呼：网民以这种叙述传达对参与这场赛事报道互动的归属感。比如：

嗨，各位我来了（@热情的坏坏孩子）

@苏群？@柯凡？终于看到组织了，哈哈（@没出息的天使）

同学们，气氛嗨起来（@Jeason－Lx）

哎呀妈呀，终于能看球了，凡哥，苏老师，好久没听你俩说球了！（@姜晓伟_ 乡 LBJ）

调侃：调侃是新媒体传播语境中一种特殊的沟通方式，调侃者通过这种方式表达一种对交流过程平等地位的基本话语要求，而被调侃对象必须理解、参与甚至通过“自贬”享受这种特别的“套近乎”。这场赛事的主持柯凡就是网民热情调侃的对象。无论是主持的身材还是演播室环境，都遭到网民“取笑”：

柯凡又胖了　哈哈（@Dearest 林子怡）

大半年没见到胖胖主播了，感觉又腐败了（@间谍猫）

柯凡 小柯，明显有点发福了哦，NBA 开始了,,,, 你的漫长减肥之路也随之开启!!（@JHW 不好_ 猪是的念来过倒）

抒情：球迷们在这个平台直抒胸臆，表达自己对喜爱球星和球队的支持。有些网民为了支持自己喜爱的球队还叫板其他球队的粉丝。比如：

永远支持心中的小皇帝（@火烧凯子）

罗斯归来，无人能挡!（@亦鸣 Amazing）。

热火打不过公牛，不服来辩（@倾听狼心）

评价：对赛事过程中球员的表现、裁判的判罚、比赛的进程、各队的战略进行分析，其中不乏专业的见解：

一年多没见玫瑰打球了，依然还是那么的犀利啊（@另一个高度）

感觉罗斯回来了，公牛就不是团队进攻的感觉，虽然 Rose 还是在传球，但是传球进攻都是一个人，这样下去不是办法啊（@Jeason－Lx）

公牛的得分点太少，没有突进牵制对方的球员（@活力背后的伤痛）

热火有麻烦，罗斯走出了受伤阴影，突起来还是相当坚决啊（@陈小之、Goodman）

纠错：网民根据自己对比赛的观看和对专业的了解纠正解说员或嘉宾所犯的错误。如在这场直播的解说员误解了裁判的一次判罚，将判罚原因的“24 秒违例”解说为“走步”时。一位 ID 为“枫吹七叶”的用户立刻发表了“#我正在收看 NBA#24 秒”的微博对之进行纠正。之后短短的2分11秒中，17位网民对此进行了纠正。一位叫“鹰冥”的网民直接点名解说员：

@柯凡24秒。没沾框。

“Amell不煽情”也说：

NBA那不是走步，那是24秒违例了。

提问：在线直播经常以主播和嘉宾的方式配合解说，其中嘉宾多为篮球专业报道人士，如这场比赛的解说嘉宾苏群是《篮球先锋报》总编辑、著名篮球评论员。网民在直播过程中可以随时向嘉宾提出疑问，嘉宾要及时解答，这个提问与回答的过程本身也有助于其他网民从更多的层面了解比赛和篮球运动的基本知识与运动规律。

提问有时关注本场赛事：

苏老师说说看今天谁赢得可能大些？(@祝欣2012)

提问有时关注篮球比赛规则：

什么时候能叫官方暂停？（@苏群？苏老师，@麦田弦音）

还有的提问超出了本场比赛，涉及整个NBA联赛，如：

喜欢苏群老师的解说，苏老师能预测一下本届的联赛吗？(@关于2012浪子)。

叙述其他直播赛事进程：网民参与的叙述并不限于本场比赛内，因为NBA联赛是一个跨时较长的赛事，不同球队之间的战绩相互影响，许多球迷关注和支持多支球队。在这场揭幕战的同时，魔术队和步行者队的比赛同样引发了网民的关注，尤其是步行者队在

2012—2013 赛季时曾经和热火队在东部赛区激战七场，被视为后者夺冠路上最主要的竞争对手。如：

> 希伯特半场 15 板，看来揭幕战都很兴奋，都在给热火示威啊（@柯凡？@苏群 @貌似好像就是 - - 朱俊丞）
>
> 看看魔术和步行者的比赛，希伯特半场 14 个版了，单节 12 个，这是开挂了（@戴着红领巾去上班）

在线直播对比赛的叙述是多声部的，各种专业的非专业的、精英的通俗的、庄重的诙谐的观点和叙述在这里广泛而平等地对话，摧毁了不同形态、不同思想和不同专业认知之间的壁垒，而这种参与比赛书写的在场感在一定程度上将话语权开放给一般网民，无怪乎会有诸多网民放弃电视台直播选择观看和参与网络在线直播。

从叙述者和聚焦的角度看中国体育报道的变迁，我们发现，不同历史时段的体育报道对上述叙述模式的倚重各有不同。新中国成立后 20 年间的体育报道更倾向于采用外显的叙述者和单一的聚焦方式，20 世纪 80 年代开始兴起的市场化体育报刊中的体育报道由于报道目的的转换，使叙述者—聚焦者模式更加灵活，倾向于从营造客观叙事效果和带有悬念性质的“揭秘”类叙事的角度出发运用叙述者—聚焦者模式，叙述者对叙事的干预性减弱，聚焦方式也更加多样化。20 世纪 90 年代中后期电视体育报道的兴起又增添了体育报道的叙事方式，诉诸视听的电视叙事实际运用的是双重叙事机制，运用主持人、画外音、字幕、镜头的剪辑和转换等多种手段，影响叙事的节奏，暗示媒体对事实的价值判断和意义建构，此外，电视叙事还经常采用多重式内聚焦的叙述者—聚焦者模式，这种叙事方式较适用于一些戏剧冲突性较强的体育事件的报道，也适合展现不同人物经历体育事件时的内心感受，丰富了体育报道的话语。进入新世纪尤其是 2008 年以来，崛起的网络体育报道在叙述者—聚焦者模式上的最大变化就是提供了“众人书写”的平台，打破了专业媒体对体育报道话语权的垄断，叙述者和聚焦者的构成更为多元化。

不同时代体育报道对叙述者和聚焦类型的倚重，并不是一种后者取代前者的关系，而是一种使用偏好的体现。从历史纵深的角度看，每个时代新兴的叙述者—聚焦者模式丰富了体育报道的话语，而前一个时期所倚重的叙事方式仍然会在一定程度上保持和延续，只不过不再是体育报道中的主要叙事方式而已。以零聚焦叙事为例。在早期报道中聚焦类型较为普遍，它便于传递叙述者的报道目的，引导和唤起受叙者的同一想象与共识。但是由于这种聚焦方式采用全知视角，轻易地透视人物的内心，容易出现失实。有学者认为，“在新闻文本中，叙述者聚焦的全知视角，如果不能注意自身知识的有限性，不能对事实作冷静客观的陈述，或者肆意将自身的判断缝合在事实的陈述之中，就会造成新闻叙事的不可靠性，新闻的品质因此而受损伤。”①

2004 年雅典奥运会男子 3 米板双人决赛的最后一轮，中国运动员王克楠在跳最后一个动作时出现严重失误，8 月 17 日的《体坛周报》刊登的报道《零分一跳》中这样描绘：

> 或许想象中金牌色泽太耀眼，或许是他们从来没有想过自己能这么顺利地夺取金牌，踏板前进时，王克楠的小腿有些哆嗦。这是他多么熟悉的一个动作啊，在训练中至少练习过上千次，但此时他已经感觉不到踏板的弹性，他只能听到自己的心跳声越来越猛烈，甚至有些狂躁！

这段心理描绘除非出自记者的采访，否则就是对人物内心的猜测和揣度，而全文并没有显示出这部分内容来自访谈，因而可以合

① 陈霖，陈一．事实的魔方．中国书籍出版社，2011：44.

理推断这段叙述属于零聚焦叙事，可信度不高。报道在最后还对造成失误的原因作了这样的论断：

> 心理压力在最后一刻让王克楠变成了另外一个人，零分一跳，也给中国奥运历史增添了更多沧桑和悲情。

这一出自叙述者臆测的论断显得过于主观。有趣的是，同年 12 月 15 日《足球》刊登的《王克楠：跌倒了，别人还不让起来》一文中引述了王克楠本人对失误的解释，王克楠解释当时自己走板还好，最后弹板时“感觉力量不够”，“只能硬着头皮上”，文中引述了王克楠的原话：

> 后来有人说我是因为压力太大出现了失误，其实不是这样的。作为老运动员，这点心理调节的能力还是有的。……观众扰乱比赛秩序的事情时有发生，我们都没有受到什么干扰，另外我的失误跟跳板质量没有一点关系，就跟好好走路突然摔一跤一样，你都没有办法解释其中的原因。我不宿命，实在要找原因，我只能解释是自己出了技术问题。

《足球》的报道运用引述的方式呈现主人公对失误的解释，这里运用的是不定式内聚焦的叙事，聚焦者从记者的采访变化到王克楠本人，而没有采用全知视角的零聚焦。将之与《体坛周报》的报道联系阅读就会发现，采用不同的叙述者—聚焦者模式可能出现同一故事的不同版本，后者产生的叙述效果显然比前者更加客观真实。

总的看来，由于叙述者和聚焦类型的多样化，体育报道的叙事方式更为丰富，体育报道的话语权更加开放，来自不同体育传媒的体育报道以不同的叙述者—聚焦者叙事为受众提供了更多元的叙事文本，客观上呈现出一个更加透明和多维的体育世界。

第 3 章　体育报道中的人物类型与人物刻画

作为叙事行为发生的起点，叙述者及其聚焦方式的变化集中体现了体育报道叙事研究中“叙”这一层次的历史变迁，反映了不同历史时段叙述话语的演变。同时，作为“事”的层次（即故事层面）的研究构成了叙事研究的另一个重要话题。“叙”之“话语”和“事”之“故事”两个层面的研究并不是泾渭分明的，它们相互勾连，如查特曼等叙事学者都在研究中试图将二者进行一定程度的融合。本章希望能借用“人物”这一构成故事实存的重要元素，将人物类型（隶属叙事学的故事范畴）和人物刻画（隶属叙事学的话语范畴）两个层面的范畴进行整合，以分析不同历史时段的体育报道如何通过一定的叙述策略选择、刻画和塑造人物。

人物是历史研究的重点，在叙事学中也是构成故事实存的重要元素，人物类型与人物刻画是叙事学理论研究的重要范畴。

对于“人物”在叙事作品中的作用，叙事学者有两种观点。

第一种是“功能性的人物观”。早期的形式主义和部分结构主义学者认为，人物是情节的产物，其地位是“功能性”的，叙事作品中的人物并不是具有特性的人，而是参与故事的行动元（actants）。这其中最具代表性的是弗拉基米尔·普罗普，他研究了俄罗斯的 100 个民间故事，归纳了人物的 31 种功能，并认为在叙事作品中人物的功能是关键，“人物的功能独立于人物对其功能的完成，是叙事的基本要素”。①

第二种是“心理性的人物观”。一些叙事学者认为，功能性人物

① ［美］阿瑟·阿萨·伯格．通俗文化、媒介和日常生活中的叙事．姚媛，译．南京大学出版社，2006：21.

观不能解释一些复杂叙事中的人物刻画。查特曼认为，“一套可行的人物理论，应该保持其开放性，并把人物当成自主性存在体，而不仅仅当作情节功能来对待”。[①] 他主张把人物的概念看作“特性的聚合”，“特性”是在“相对稳定而持久的个人品性”这一意义上的，“和事件不同，特性并不在时间链条之上，但是却与时间链条的全部或其主要部分同时存在。事件作为矢量，水平地从早前向后来行进。特性则扩展到遍及由事件所标出的时间跨度内”。[②] 查特曼还引证 E. M. 福斯特对“圆形人物”和“扁平人物”的区分来解释特性，指出扁平人物被赋予单一或很少的特性，其行为具有高度可预见性；圆形人物则相反，他们的行为不可预见，他们的特性可以改变，容许人深入洞察。

英国小说家和文学批评家福斯特在 1927 年的一次学术演讲中提出上述故事作品中的人物分类观点。他认为，扁平人物具有类型性和漫画性，围绕单一的特性或素质构成，其最大优点是，不管什么时候，只要他们一出现就很容易识别、容易被读者记住，而圆形人物则给人新奇感和说服力，具有人性的深度和多重性格侧面，他们随着小说或戏剧情节的发展而发展。[③] 这种对叙事作品中的人物分类观点具有开拓性，也存在绝对化和简单化的缺陷。里蒙·凯南（Shlomith Rimmon - Kenan）在《叙事虚构作品》一书中指出了上述人物分类法的缺陷，并认为可以借鉴埃温（Joseph Ewen）提出的用一个连续体上的各个点来表示、而不是依照绝对的类别表示的人物分类法。后者界定了人物区分的三种连续体或轴线：复杂性、发展

① ［美］西摩·查特曼．故事与话语：小说和电影的叙事结构．徐强，译．中国人民大学出版社，2013：103－104.

② 同上：113.

③ 谭君超．叙事理论与审美文化．中国社会科学出版社，2002：198－199.

及对“内心生活”的深入。[1]

里蒙·凯南认为，在人物刻画领域主要的方法有直接形容、间接表现和通过类比强化三种。在她看来，直接形容法是明确说出人物性格来直接刻画人物的方法，它同概括和概念化有相似之处，“用这种方法刻画人物具有清晰明确的特点和最后裁决似的效果”，[2]“这种方法节省笔墨的特性和引导读者反应的能力，也使它备受传统小说家的欢迎。然而，在我们这样一个注重个性化和相对论的时代，概念和类型化就不太行得通了，直接形容法的节省笔墨的特点反被理解为简单化”。[3] 间接表现法不直接指出人物性格的某一特点，采用对人物行动、言语、外表、环境的刻画等各种手法，展示并用实例反映出这一特点。这种方法相比直接形容法更具暗示性和不确定性，重视读者的能动作用。直接形容法和间接表现法是刻画人物的两种基本手段。类比则起到强化作用，其塑造性格的能力取决于用其他方法事先确定的性格特征。通过类比方式强化人物刻画的具体做法有类比名字、类比景物、类比人物。[4]

媒体报道如何进行人物刻画？利奥·洛文塔尔收集了125个媒体的人物传记并对之进行研究，从故事内容的角度对媒体刻画人物的方法做了另一种分类。他提出了对此类故事内容进行分类研究的四层方案：第一层为人的社会学范畴，即一个人与其他人的关系、他的日常生活模式、他与所生活的世界的关系；第二层是心理范畴，即他的本性发展得怎么样和他的性格结构；第三层是历史范畴，即他在世界中的遭遇是怎么样的——他是征服抑或是未能征服客观世界；第四层是对作家在选择语言过程中或多或少有意传达的信息的

---

① ［以色列］里蒙·凯南．叙事虚构作品．姚锦清，等译．三联书店，1989：73－76.

② 同上：109.

③ 同上．

④ 同上：107－127.

评估。[1] 从叙事学角度看，洛文塔尔研究人的社会学范畴实际就是采用对人所处的环境的间接表现法对人物进行刻画，而心理范畴则是表现对人物刻画的内心深入程度，历史范畴是用发展的轴线衡量人物的成长，语言上传达信息的评估是对刻画方法的分析。利奥·洛文塔尔对媒体人物传记的研究所得出的四层方案实际是从另一个角度对人物类型和人物刻画的诠释，其分析可以纳入叙事学的框架。

综合上述，叙事学中的人物类型与人物刻画是两个具有相关性的概念。福斯特认为的扁平人物或者如埃温所说的简单的、静态式的、内心不够深入的人物类型往往采用直接形容法加以刻画，他们是早期小说中经常出现的人物类型。而伴随着受叙者对文本发挥能动作用的需求与能力增强，现代小说在人物类型和任务刻画的层次上更倾向于采用多样化的间接表现法，着力刻画具有复杂性、发展性和内心深入的人物角色。

本章将借鉴叙事学中的这些概念和理论，扫描中国体育报道历史中的人物类型与人物刻画方式的变迁，透过体育报道史中塑造的形形色色的人物形象了解在不同时期体育新闻的价值标准和新闻选择机制，从人物刻画的技巧、方式反观处于不同历史时期的体育报道与当时社会环境之间的互动和相互建构的关系。

3.1 革命语境中成长的“英雄”

新中国成立之初，为了建立一个意识形态统一的民族共同体，在全国范围内确立主流意识形态，一切有关精神产品的生产和发表被纳入国家的政治轨道中。20 世纪五六十年代，文学从私人话语的代表转变成了国家权力话语的代表，文学创作被主流意识形态话语

---

① ［美］利奥·洛文塔尔．文学、通俗文化和社会．甘锋，译．中国人民大学出版社，2012：158.

所规训和钳制。大量作品以革命英雄为主人公，以革命运动作为主要的叙述对象，这种革命运动包括革命政权建立前的暴力斗争，也涵盖政权建立后的阶级斗争，“以战争为背景的传奇英雄形象，以最大化的自我牺牲为特征的受难型革命英雄形象，为红色江山开创新业的农民新人形象，投身革命洪流并自觉接受改造的小资产阶级知识分子形象，等等，构成了这个时期的革命文学中最重要的形象系列。”① 诸多革命英雄叙事作品建构起新中国成立后的“十七年文学”的文本世界。革命英雄群体的大规模出场，“不仅恢复了人们关于战争的历史记忆，而且在对代表人民意志与要求的党的领导和战斗英雄的反复叙说中，强化了人们对领袖与英雄的景仰与感恩，营造一个学英雄、追英雄、当英雄的社会氛围”。② 主流意识形态对文学作家和作品的规训逐步促成当时红色文化的形成，而这种诞生于革命语境下的红色文化为所有的精神产品生产确立了叙事机制和话语规范。

在传媒领域，“中国媒体就像中国象棋里的一个棋子，不管具体某一步怎么走，都不能不受制于中国象棋的整个系统。”③ 新中国的媒体也被纳入了主流意识形态的规范框架，如同文学领域一样，革命叙述成为当时传媒报道的主要特征，体育报道塑造了大量革命英雄形象。

3.1.1 程式化的“成长”叙事

新中国成立初红色经典文学作品中的英雄叙事对当时传媒刻画人物形象显然起着重要的示范效应。在早期的体育报道中，英雄形

---

① 余岱宗．红色经典：主题与叙述——以20世纪50、60年代革命文学为中心//海南师范大学学报（社会科学版），2007（2）：34-39.

② 刘忠．建国前后中国文学中的英雄叙事//学术论坛，2004（4）：125-129.

③ 李彬．中国新闻社会史．清华大学出版社，2008：303.

象总是以一种“成长”叙事的程式呈现。

研究红色经典文学作品的学者姜辉曾指出，“成长”是以革命作为主题词的红色经典文学中值得瞩目的叙事现象。在他看来，这种成长叙事的程式是：“作为历史主体的革命英雄（农民或知识分子）一开始处于天真或蒙昧状态，但在中国共产党的引导和培养下，历经劫难，备受考验，最终成长为无产阶级的革命英雄。”而“分离”、“考验”和“再生”是成长历经的三个阶段。[①] 这种程式在体育报道中依然适用。早期体育报道中刻画的英雄人物，同样是在党的感召下，经过考验才能走出最初在体育界籍籍无名的状态，完成对自我的改造，成长为一位体育领域的英雄。

《访问优秀排球运动员黄亨》[②] 就是运用这类程式化叙事的人物报道。从身份上看，报道中作为主人公的黄亨出生于旧社会的贫农家庭，他 14 岁时母亲和祖父母先后饿死，他给地主打长工，经常挨打和挨饿，只能在做工之余练习排球。农民主人公成长为革命战士需要“引路人”，新中国成立后在北京体育学院的学习使之完成了身份的转变，从“农民”向“学生”的身份变化赋予其体育科学知识的启蒙和教育，使之成为一名优秀的排球运动员。这段经历好比蒋光慈在小说《少年漂泊者》中刻画的汪中，在父母双亡后经历波折，结识了革命者维嘉后参加工人运动，成为坚定的革命者。限于新闻报道的篇幅限制，报道中的人物虽然不可能像小说主人公那样经历复杂和跌宕起伏的故事，但报道和小说中的人物类型及其刻画的基本思路如出一辙。

在体育报道中，程式化的成长叙事总是在对运动员的今昔境遇的对比中展开，这种对比正是展现人物成长的最佳手段。程式化成长叙事一般采用三段论：第一部分从现实切入，以人物的现实成就

① 姜辉．革命想象与叙事传统．人民出版社，2012：32.
② 阳明．访问优秀排球运动员黄亨 // 新体育，1956（3）：14－15.

下笔，常用场景式描写进入，好比戏剧开场后的主角登台。第一部分结束时一般会有一个过渡段，介绍叙述的主人公是谁。然后引出叙述的主体——主人公的成才路线；第二部分往往通过回忆的方式展开叙述，在这个部分中主人公完成身份的转变，从最初有体育天赋但未得到条件施展的人物到走出“自我”的困境，成为体育英雄。在这个故事主体部分，主人公必将经历重重挫折，这种挫折可能是思想上的摇摆不定，可能是技术上的限制，可能是身体上的疾病影响，但是经过某些相似的外力的推动（如进入体育学院学习，受到苏联运动专家的指导，受到领导的信任）和主观的对党的信仰与坚持不懈，他或她必将战胜挫折，完成“自我”的升级，成为强者。第三部分从往昔回到现实，主人公就今日取得的成绩展开抒情和表达，传递作为革命英雄时刻牢记为国增光的信念和情怀，以激情和感性的方式最终落实革命叙事的审美诉求。

1960 年 5 月 25 日，中国登山队成功登顶珠穆朗玛峰，这是人类历史上第一次从北坡登上世界最高峰。这在当时不啻为一件彰显民族荣誉感的壮举。媒体对此次登山运动进行了大篇幅的集中式报道，将登山队员塑造成“英雄”。6 月 27 日《体育报》第 3 版同时刊登了新华社记者撰写的三篇人物报道：《登上世界最高峰的英雄——王富洲》《昔日的奴隶　今天的英雄——记藏族登山队员贡布》《舍己为人的登山英雄刘连满》。虽然“英雄”的事迹不同，但报道叙事均采用上述三段论的今昔对比程式，刻画了三个体育界不断克服磨难而获得成长的革命英雄形象，并通过这样的人物刻画传递了相同的价值诉求。

出生于农村的王富洲“从小就热爱劳动”、“立志要做个工业尖兵”，“在党的抚养教育下，使他受到了高等教育，并且把他培养成具有共产主义道德品质的人”。大学生活和在苏联的登山学习，是王富洲进步的主要因素。在攀登珠穆朗玛峰时，他一次次克服困难，晕倒了醒来继续前进，缺少氧气依然想尽办法攀登。

与王富洲相似，贡布是“曾经给西藏农奴主当过十多年牛马的藏族人民的优秀儿子”，西藏解放后他通过参军，“深深体会到了革命大家庭的温暖”，并在部队得到受教育的机会，而且在“党组织指派的最优秀的教练员”的教导下学习登山技术。在登山过程中，他在脚踝扭伤的情况下放弃了休息的机会，在连续30多个小时没有进食的情况下克服困饿和疲惫继续前进、坚持登顶，终于征服了世界最高峰。

刘连满的家庭是“我国北方农村典型的贫雇农户”，“直到解放，刘连满才从贫困和饥饿中摆脱出来”。他在8700米高度因体力不支被留下休息，在呼吸困难、身体极度衰弱时把氧气罐留给了队友，自己陷入了昏迷。

三位英雄虽然经历不尽相同，但在攀登的过程中都遭遇了恶劣自然条件的挑战，在英雄的成长叙事中，身体的受难是每个“英雄”完成成长仪式的必经过程，对自然环境的恶劣极尽笔墨和渲染，反衬出“英雄”与自然抗争，以顽强的意志经受考验的伟大。

> 当他们从海拔七千零七米的北坳驻地出发，沿着冰雪坡前进时，遇到了狂风，气温降到摄氏零下37度，人们呼出的气立刻在嘴边结成一圈白霜，鼻孔被冰冻封盖住，走动几步就不得不匍匐在地上躲避风寒。

> 有一天，他们驻扎在海拔6600米的冰坡上。夜里，刮起了特大的暴风，把一顶没有住人的高山帐篷刮得不知去向。

> 风雪是这样的狂暴，对面几米外就什么也看不清楚；脚下的冰坡又是那样陡滑，穿着带钢钉的高山靴，也仍然不断

地摔倒。

人的主体性在与自然的抗争中被“放大”，“经过艰苦卓绝的自然冶炼，革命者精神的崇高、意志的刚强、信念的坚定执着以及智慧的挥洒，构筑起一种神圣的崇高”。[①] 经历了磨难洗礼的英雄形象更加熠熠生辉。

值得注意的是，刻画英雄形象并不是媒体报道的最终目的，革命英雄叙事的落脚点在于通过对英雄“成长”的叙述完成对大众的教导。这类被赋予崇高性叙述的形象通过媒体的报道呈现给大众，作为时代榜样的经验才能被普通读者所感知和体验。因而，报道的结尾总要借“英雄”之口传达真正的叙述动机和价值判断：

> 三个人肩并肩地站在一起，心中默默地想着：亲爱的党啊，我们完成了你所交给的艰巨任务了。

> 贡布已经深深地爱上了登山运动，他说，他立志要把五星红旗插遍祖国所有的高山。

> 是什么力量使得刘连满能勇敢地做出这一切呢？在结束这次访问时，记者请刘连满回答了这个问题。他谦虚地笑了笑，只简单地告诉我说：“因为我是一个共产党员，我做的不过是我应该做的！”

英雄征服世界最高峰后并没有弘扬自我的价值和世俗的幸福感，而是向民众输送一种为党为祖国奉献和牺牲自我的革命热情，这是文本叙述者通过建构这种“奉献”和“牺牲”基础上的道德崇高感，使受叙者受到感染、产生认同、从而达到教化的目的。

---

① 姜辉．革命想象与叙事传统．人民出版社，2012：48.

3.1.2 受“革命快感”驱使的神化英雄

程式化的“成长”叙事建构了革命语境中英雄叙事的叙述框架，而在英雄成长故事中的精神内核是通过“革命快感”的叙述，解决人物成长的戏剧矛盾冲突，达到叙述高潮，并将英雄“神化”。

“革命快感”是“英雄个体对革命的无限向往的精神状态下一种自我和革命近乎完全‘融化’的高度兴奋的感性状态。……英雄为其他革命同志的安全而献出生命与自由，英雄面对强敌的机智冷静，英雄身陷囹圄时分的不屈不挠，英雄在革命利益和私人情感两难选择之刻的果断，常常构成了红色文本的叙事高潮”。[①] 革命快感是红色经典文学的审美法则和其权威性的精神源泉。这种叙述讨论也被体育报道所借鉴。体育英雄虽然不需要像革命战士那样担负献身的危险，但在叙事文本中革命快感同样以一种“自我和革命近乎完全‘融化’的高度兴奋的感性状态”呈现，自我的得失让位于阶级和集体的利益，完美的“神化”英雄内心也渗透着革命的主题，他或她超越了自我的身体和生命的极限，将对阶级和集体的责任转化为本能，以无与伦比的意志力量战胜各种磨难，为阶级和集体创造体育佳绩。

1964年，中国举重运动员陈镜开第九次打破世界纪录，1964年11月23日《体育报》转载了《人民文学》的报道。文章以举重比赛现场为开篇，突出现场的活跃和休息室的安静，陈镜开和弟弟陈满林的一段对话引出了矛盾冲突——受腰伤的陈镜开是否能顺利比赛？接着叙述者将焦点聚焦于第一次试举后如何确定第二次试举的分量，这里穿插倒叙回顾了陈镜开严重的腰伤。这就是转折点——放弃还是继续，这是一个问题。文章的高潮部分就是接下来这段思

---

① 余岱宗．红色经典：主题与叙述——以20世纪50、60年代革命文学为中心//海南师范大学学报（社会科学版），2007（2）：34－39.

想斗争：

> 难道就这样放弃自己的预定计划吗？“不！”他耳边响起的是这样一个熟悉的声音：一个运动员在比赛的时候，就像守卫着祖国的土地一样；在紧要的关头动摇的话，就像一个战士在战斗中放弃自己的阵地一样可耻。这是当他参军以后，作为一名解放军举重选手时，一位负责同志对他说过的一句话，在每一次比赛中，陈镜开想到这句话的时候，就感到自己有着无穷的力量。

紧接着，文章开始叙述八年前陈镜开打破世界纪录的场景：

> 从那个时候开始，陈镜开懂得了作为一个运动员，他的成绩是和祖国的荣誉紧紧地联系在一起，和人民的荣誉紧紧地联系在一起。几千观众中间，有的是日理万机的负责同志，有的是日夜守卫着祖国疆土的战士，有的是守候在炉火旁的炼钢工人，以及日夜为社会主义建设事业操劳的人们。他们来到体育馆里，以巨大的热情观看举重运动员的比赛，并不只是为了欣赏举重运动员那种特有的健力美的姿态，而是到这里来看看祖国一代新手的魄力，在这里同享祖国欣欣向荣，朝着前人没有创造过的业绩前进的气息。

展现了陈镜开的思想活动后，镜头回到现场——他一举打破了世界纪录，全场沉浸在欢乐的氛围中。叙述者通过对陈镜开的心理描写，将运动员和革命战士作类比，将运动员的荣誉与祖国和人民联系在一起，这就是一种典型的革命修辞，在这样的心理活动后，陈镜开在崇高的精神追求下“感到自己有着无穷的力量”，革命激情的激发释放了生命的力量，使身体潜能被最大限度地开发，严重的伤病在精神的高度亢奋状态下消失，英雄的形象在超越自我的象征叙事中得到神化。

到了文革时期，这种刻画人物的叙事方式表现得更加明显。如1972年12月《新体育》上刊登的报道《更可贵的高度——写跳高运动员倪志钦》，围绕倪志钦如何成为当时世界上跳得最高的人展开，叙述者在展现英雄成长历程时，多次叙述了倪志钦如何将自我与革命融合的精神状态，并暗示这种精神状态是他一次次战胜难关、获得成功的精神动力。

> 倪志钦从"'二米〇一'"的沉痛教训中更加深切地认识到：一个新中国运动员，是为社会主义祖国争光，还是为自己争气；是为个人，还是为革命，这是一个立场和世界观的问题，也是为什么人服务，走什么道路的原则问题。

> 倪志钦联想到自己，要为祖国的跳高事业作出贡献，不就需要王国福同志这种不断革命、彻底革命的精神吗?

> 他在日记里写道："为革命勇于吃大苦，咬紧牙关顶着困难上！"

> 倪志钦站在起跑线上，凝望着横在面前的那根横杆，低而有力地说了一句："'你跑不了啦！像战士要去攻克最后一个堡垒，充满着胜利的信念。"①

在当时的体育报道中，革命快感是体育人激发身体极限的精神源泉，而人的主体性总是能在这种快感的支持下战胜客观环境的艰难。虽然当时的体育人出身和成长背景有所不同，从事的项目也不

① 王鼎．更高贵的高度——写跳高运动员倪志钦．新体育，1972（12）：17－23.

一样，人物自身遭遇的挫折各色各样，但这些人物几乎没有区别于彼此的“特性”，他们的特质是比较单一的，类似福斯特所划分的“扁平人物”，他们的思想具有极高的同质性，行为具有高度的可预见性。无论故事以何种方式演绎，这些体育英雄的刻画都符合当时主流意识形态的价值观：他们是党和祖国的好儿女，将体育视为革命事业，将自己视为革命战士，以磅礴的热情和必胜的信念投入比赛，以精神的意志战胜身体的伤病，将个人命运融入革命主题，是完美和神化的革命英雄。

3.2　举国体制中树立的“典型”

“典型报道”在中国新闻界由来已久，它既是一种具有中国新闻特色的报道样式和类型，也代表“一个从新闻选择到新闻表述的观念体系”。[①] 在中国体育报道的历史上也不乏典型报道，剖析这些典型人物的刻画，能帮助我们厘清当时的叙述选择和新闻表述思路。

中国体育传媒典型报道的高峰期出现在20世纪60年代至80年代，这恰好是中国竞技体育的“举国体制”发展模式从初创到完善的阶段。20世纪50年代，“大跃进”运动给中国的经济、文化建设造成很大的损失。60年代，国家体委在中共中央提出的“调整、巩固、充实、提高”八字方针的基础上，根据实际情况对中国体育的工作重点做了新的部署，压缩体育事业发展规模，将工作重心放在运动训练工作上，由普及群众体育活动为重点转向以调整、巩固竞技体育发展成果为重点。撤销了省级以下一切专业运动队的设置，明确了中央和省、自治区、直辖市（含八一体工大队）两级体委设置优秀运动队，将田径、体操、游泳、足球、排球、乒乓球、射击、

① 王辰瑶．嬗变的新闻——对中国新闻经典报道的叙述学解读　1949—2009．中国传媒大学出版社，2009：42，43.

举重、速度滑冰等十个运动项目作为重点项目发展和攻关，按照“国内练兵、一致对外”的思想安排国内竞赛。[①] 至此，“体委系统实际上包揽了竞技体育工作的各个方面，国家和社会力量共同办竞技体育的模式转变为集权于体委，由体委独家领导和管理的模式。”[②] 中国竞技体育发展模式已经形成了适应计划经济体制的“举国体制”雏形。

体育工作在文革期间受到较大的破坏，1979 年，中国恢复了在国际奥委会中的合法席位，从 20 世纪 80 年代开始，“奥运争光”成为竞技体育发展的主要目标，为了使中国的竞技体育具有国际竞争力，国家体委强化和完善了 20 世纪 60 年代初步形成的竞技体育发展模式，进一步加强对竞技体育管理的力度，调整运动项目布局和国内赛制，完善训练体制，“以创造优异运动成绩、为国争光为运行目标，以政府高度集权式管理为运行方式，以追求国家利益的精神激励为运行动力，以行政手段直接调控与监督为运行规范”，[③] 这样的举国体制在 20 世纪 80 年代得以确立和运转。

在“举国体制”逐步确立的过程中，以《体育报》为代表的体育传媒领域的机关报在这种竞技体育的发展模式下掀起了典型报道的高潮。下面我们分别选取该报塑造的两个经典的典型——中国乒乓球队和女排队为例，分析 20 世纪 60—80 年代中国体育报道在人物类型和人物刻画上的特征。

3.2.1 被集体主义话语“绑架”的政治样本

乒乓球被誉为中国的国球。从 1959 年容国团获得第 25 届世界

① 熊晓正，郑国华．我国竞技体育发展模式的形成、演变与重构 // 体育科学，2007（10）：3－17.

② 许永刚，孙民治．中国竞技体育制度创新．人民体育出版社，2006：226.

③ 同上．

乒乓球锦标赛男子单打冠军开始，中国乒乓球队在历届世界大赛中共取得世界冠军的总数超过200个，是中国体育史上获得最多荣耀的团队。

将中国乒乓球队作为典型报道对象始于1964年。从1959年获得乒乓球单项冠军后，乒乓球成为国家体委重点扶持的项目，并在1961年和1963年的两届世乒赛上分别获得三项冠军。在百废待兴的新中国，乒乓球是竞技体育中极少数具备世界竞争力的项目，中国乒乓球队取得的成绩令举国瞩目。1964年全国体育工作会议上，国家体委确定，把思想政治工作作为重点，"体育报刊应该经常注意宣传报道先进经验、表扬先进单位和先进人物"，并决定将"国家乒乓球队的先进经验和运动员的先进事迹"作为整个体育队伍学习的榜样。[①] 由此揭开了对国家乒乓球队典型报道的序幕。

1964年5月14日《体育报》头版刊登《体育战线的标兵——记中国乒乓球队奋发图强自力更生的先进事迹》一文，配发评论《奋发图强　迎头赶上》，号召体育界学习乒乓球队。是年9月，中国女子乒乓球队因战绩不佳，邀请男队主力队员徐寅生给她们讲讲如何打好乒乓球。徐寅生的谈话围绕"我这几年是怎样打球的""关于雄心壮志""关于信心""女队存在的五个主要问题"展开。贺龙得知这次讲话内容后做了批示并将讲话呈给毛泽东。毛泽东批示认为，"讲话全文充满了辩证唯物论"、"他讲的是打球，我们要从他那里学习的是理论、政治、经济、文化、军事。如果我们不向小将们学习，我们就要完蛋了。"[②] 1965年1月17日，《人民日报》全文刊载了徐寅生的文章《关于如何打乒乓球》，次日，《体育报》在头版转载了这篇文章并配发了《人民日报》的编者按，号召人们学习徐

---

① 傅砚农，主编．中国体育通史，第五卷（1949－1979年）．人民体育出版社，2008：235－236.

② 陈昊．贺龙与徐寅生∥党史纵览，2008（8）．

寅生活学活用辩证唯物论。4 月，乒乓球队获得第 28 届乒乓球世界锦标赛男、女团体世界冠军，这是中国乒乓球队第一次双双荣获男、女团体冠军。4 月 21 日，《体育报》在第二、第三两版继续开展学习乒乓球队的报道，主报道是占一个半版面的《小将们在挑战——记中国乒乓球队》。

文革中，许多体育项目的发展都受阻停滞了，乒乓球队训练中断。中国队被迫放弃了第 29、第 30 届世乒赛，新中国乒乓球事业的奠基人——傅其芳、容国团和姜永宁在这场浩劫中受尽迫害，相继去世。但与其他项目相比，乒乓球项目还是得到一定程度的发展，1971 年恢复参加世乒赛，并在特殊年代成为外交手段之一。

1977 年，中国男、女乒乓球队都获得了当年的世乒赛团体冠军。1978 年，国家体委命名国家乒乓球队为“又红又专、勇攀高峰运动队”，号召全国体育界向乒乓球队学习。1977 年 10 月 20 日，《体育报》用近三个整版的篇幅刊登通讯《飘扬吧，体育战线的红旗！——记又红又专、勇攀高峰的国家乒乓球队》。1978 年 2 月 2 日，《体育报》头版刊登《他们在向自由王国飞跃——中国乒乓球队的“学”与“创”》，中国乒乓球队再次成为中国体育界振兴时期的典型。1981 年 4 月，中国乒乓球队包揽了第 36 届世乒赛全部 7 个项目的冠军，媒体的相关报道掀起一个高潮。5 月 1 日《体育报》发表本报评论员文章，不吝赞美之词歌颂“乒乓精神”，并为之定义，称其：

胸怀祖国，放眼世界，志在四方，为国争光的精神

发奋图强、艰苦创业的实干的精神

在为祖国争取荣誉的共同目标下，同心同德、团结战斗的高度集体主义精神

胜不骄、败不馁的革命乐观主义和革命英雄主义精神

以战略眼光，坚持传、帮、带，致力培养新生力量的精神

……是一种十分可贵的革命精神文明，它不仅为体育界，同时也为全社会增添了精神财富，激励我们前进。

这一系列充满溢美之词的评价为中国乒乓球队带上了“神圣”的光环。至此，以乒乓球队为对象的典型报道才告一段落。

回顾历次乒乓球队的典型报道，我们发现，乒乓球队作为媒体的宣传对象，被媒体贴上了体育界“政治样本”的标签。关于乒乓球队的报道总是离不开政治性话语，从1964年、1965年鼓吹政治思想挂帅、推行个人崇拜的“奋发图强”“自力更生”“活学活用毛泽东思想”，到1978年号召加强体育科研、为国争光的“勇攀高峰”“又红又专”，不同时期的体育界工作的重点虽然有所差异，但媒体总能从乒乓球队的建设上找到宣传的契合点。

在这些典型报道中，作为个人的乒乓球队队员并不是报道着力刻画的人物，相反的，报道刻画的核心是一个“坚强的战斗集体”。[1] 在举国体制发展模式下，运动员的使命是“为国争光”，而不是追求个人的得失。因而在宣传运动员典型时社会主义集体主义就成为最普遍的话语：从无产阶级和人民的利益出发，坚持集体利益高于个人利益；保证集体利益的前提下，将集体利益与个人利益结合起来；在集体利益与个人利益发生矛盾的时候，个人利益必须无条件地服从集体利益。[2] 这一系列集体主义观念，构成了主导典型报道叙事的关键词。

---

① 体育战线的标兵——记中国乒乓球队奋发图强自力更生的先进事迹 // 体育报，1964-05-14.

② 陈桐生. 中国集体主义的历史与现状 // 现代哲学，1999 (4)：60-66.

当年轻的庄则栋站在受奖台上，领取世界冠军的奖赏时，他想到的不是个人的荣誉，而是“代表大家去领奖”；擅拉弧圈球的胡炳权、薛伟初，放弃个人练习时间，在陪主力队员练习。拉得胳膊发肿的时候，他们没叫半声苦，而是互相勉励：要有“百拉不厌，百练不怨”的良好态度。

《体育战线的标兵——记中国乒乓球队奋发图强自力更生的先进事迹》

我们之所以连篇累牍地叙述了乒乓球队的发展过程和它的主要成员的情况，目的是想说明，这个集体是真正的集体，这个集体的许多成员，是真正的先进的人。而徐寅生那篇著名的好作品，只能产生于这样的时代，这样的环境，这样的集体之中……

《小将们在挑战——记中国乒乓球队》

在他们的身旁，更有一大批无名英雄。他们以祖国荣誉为重，革命利益为重，不惜牺牲个人的利益和特长，甘当铺路石。……请看在迎接重大国际比赛的日子里，围绕着主力队员的思想活动和技术训练，队里成立了专门的互助组，陪练队员谦虚地把比赛队员叫作“突击队”，而称自己是“担架队”。这些可敬的“担架队员”们，为了帮助战友提高适应外国选手的能力，不惜放弃自己的特长，改变自己的打法，模仿某些外国选手，陪同主力队员训练。

《飘扬吧，体育战线的红旗！——记又红又专、勇攀高峰的国家乒乓球队》

在掌握世界乒乓球情报的基础上，我国在国家集训队、省市集训队和业余体校中，积极提倡、扶植、培训世界各种不同技术类型、风格和流派的选手，百花齐放，形成大大小小的“乒乓小世界”……这样，在同一个队、同一个训练房里，就能解决同各种打法的训练问题……

《他们在向自由王国飞跃——中国乒乓球队的“学”与“创”》

上述文本都体现出在刻画这个团队时鲜明的集体主义倾向，在这样的刻画中乒乓球队员最值得称道的品质是：集体利益至上，个人对集体利益的无条件服从。20 世纪 60、70 年代，集体主义价值观在社会大众的心目中依然占据主导地位。在一次次学习国家乒乓球队的报道热潮中，人们并没有意识到这支被集体主义话语“绑架”的球队中，许多人不得不为了举国体制弘扬的所谓的“集体利益”而牺牲个人正当的权益和追求，作为政治标本的“帽子”也在一定程度上成为队员的精神枷锁和束缚。

在 1987 年第 39 届世界乒乓球锦标赛上，何智丽无视教练让球安排而获得冠军，事件经作家叶永烈首次详尽披露后引起社会广泛关注，也使中国乒坛的让球传统浮出水面。2007 年，叶永烈在《新民周刊》上刊登《何智丽：我想有个家》《“何智丽现象”今昔》《何智丽往事真相》的连续报道，并将自己整理的中国乒坛让球历史公布于众。在叶永烈看来，中国乒坛具有很长时间的让球传统，早在 1961 年北京召开的第 26 届乒乓球男单决赛前，中国组委会成员和教练们就“谁来当冠军”展开协商，并由时任国家体委主任的贺龙一锤定音，选择庄国栋当冠军。[1] 1988 年汉城奥运会上，原乒乓球队的一号选手焦志敏在教练组授意下让球给李惠芬，当时另一场半决赛由中国队陈静对捷克斯洛伐克的赫拉霍娃，焦志敏和李惠芬

① 叶永烈．何智丽往事真相 // 新民周刊，2007－03－21.

率先比赛。教练组认为李惠芳曾胜赫拉霍娃，而焦志敏曾败给赫拉霍娃，便决定“李上焦下”，岂料陈静在半决赛中战胜赫拉霍娃，并在决赛中击败队友，获得冠军，焦志敏屈居第三。汉城奥运会是乒乓球首次进入奥运会比赛，这也成了焦志敏的人生遗憾。汉城奥运会后，焦志敏退役，她后来说：“八年的国际比赛，我让了五次球，所以不想再打了。”①

3.2.2 承载强国梦想的精神符号

在中国体育史上，除了国球，另一个带给国人光荣与梦想的项目就是女子排球。在世界三大球项目中，排球是最让国人骄傲的项目。与乒乓球项目从新中国成立之初就登上国际舞台不同，中国的女子排球队直到 20 世纪 70 年代末才开始跻身世界强队之列。因而中国女子排球成绩在世界范围内由弱到强的历程无异于给饱经文革摧残、亟待提振民族士气的中国社会一剂“强心针”，国家女子排球队成了体育界树立的新典型。

1977 年，国家女子排球队在世界杯排球赛上获得第四名的成绩，这是团队项目的突破，12 月 5 日《体育报》在头版刊登通讯《向世界高峰进军——记中国女子排球队》，配本报评论员文章《解放思想　大干快上》，赞赏国家女子排球队的艰苦训练和技术革新。自此，媒体开始逐步塑造国家女子排球队典型。1981 年 11 月，中国国家女子排球队获得第三届世界杯女子排球赛冠军。11 月 16 日《人民日报》头版刊登《学习女排，振兴中华——中国赢了》，呼吁“用中国女排的这种精神去搞现代化建设”，女排报道由此掀起了高潮。11 月 17 日，《体育报》头版刊发消息《大球取得历史性突破　中国女排获世界冠军》，国务院电贺国家女子排球队，在贺电中首提“女

① 何智丽临场变卦　焦志敏终生遗憾——女乒让球三宗罪 // 足球·劲体育，2005 - 09 - 15.

排精神”——“团结战斗，艰苦创业的精神”，邓颖超发文《各行各业都来学习女排精神》，号召各行各业向国家女子排球队学习，“树立远大的志向，发扬脚踏实地、苦干实干的作风，把自己的工作做好，更快地将我们的社会主义事业推向前进。”第四版发表社论《民族精神的凯歌》，文中宣称：

> 她们的胜利告诉人们，中国人是可以创造世界一流佳绩的，中华民族是有信心、有能力自立于世界民族之林的。

随后，该报还发表了一系列社论如《伟大时代创业者的品格》《扎扎实实学女排》《珍惜人生几回搏》《为理想为事业献身》等，同时开辟“中国女排精神赞”专栏，刊登《不拿冠军死不瞑目》《胜利来自拼搏》《她们的心啊如彩虹》等系列报道。据《人民日报》报道，截至 1981 年 12 月 4 日，夺冠的中国女排队收到贺信、贺电和各种纪念品达 3 万多件。[①] 足见女排精神在当时社会引起的广泛回响。

1981 年后，中国女排队在接下来的重大国际女排赛事上获得五连冠，其中最让人印象深刻的当属 1984 年第一次获奥运会冠军。《人民日报》开辟了“学女排，见行动”的专栏。当年 8 月 9 日的《体育报》头版做了整版女排夺冠的报道，社论《辉煌的胜利　艰苦的历程》中历数了女排在重大赛事中连冠的佳绩，发出豪言壮语：

> 中国女排的胜利说明了，正在奋起的中国人民，是完全有能力走在世界前列的。只有我们不畏艰难，不避艰辛，拔坚执锐，奋勇进取，我们的目的就一定能够达到。

---

① 走下神坛的胜利女神　女排 30 年传承下来只剩精神 // http：//sports. sohu. com/20111116/n325698293. shtml，2011 - 11 - 06.

在上述报道中，“女排精神”由政府和官方媒体共谋，通过自上而下的方式定义和建构。女排在国际赛场的系列胜利使饱经文革创伤的中国人看到了“振兴”的希望，被赋予“团结”、“实干”、“拼搏”等内涵的女排精神成为鼓舞当时中国人脚踏实地投入经济建设，实现“强国梦想”的最为贴切的口号。

然而，20 世纪 80 年代，之前塑造乒乓球队那样政治说教意味浓厚的叙事已经无法吸引和打动新时期的读者，人们很难为红色文学中流行的“高、大、上”的完美英雄人格所打动，功能性的扁平人物难以承载传递价值的重任。典型人物需要化身平凡、熟悉的普通人形象，需要在刻画中呈现人物的复杂性、发展性和其深刻的内心，才能让读者在阅读中建立情感的联系，体味人物的命运，从而真正产生共鸣和受到教化。这时期为典型报道注入更丰富的“个人经历”和“世俗情怀”，采用更多方式刻画人物形象并引发读者强烈反响的是一系列以女排队员为主人公的报告文学。其中最为著名的是 1981 年《体育报》刊载的《中国姑娘》和 1982 年《中国青年报》刊登的《金杯之光——中国女排夺魁曲折道路》。

1981 年，时任《体育报》社长兼总编的鲁光和正在集训的中国女排一同生活了一段时间后创作出具有里程碑意义的报告文学《中国姑娘》。这部作品刻画了数十个女排队员形象，在当时的影响力极大，获得第二届报告文学奖，女排姑娘一度成为 80 年代中国青年的偶像。

这篇在《体育报》上连载的长篇报告文学，通过叙述女排队员赛场内外的生活，刻画了个性鲜明的女排队员形象。叙事主体是展现女排队员训练的艰辛苦涩，但也不乏对她们多姿多彩的生活的描绘。故事的背景并不局限于训练场和赛场，队员也不只是比赛机器，她们的故事中融入了更多的生活气息：如杨希受到日本青年热捧时的不知所措，陈招娣顶着伤痛艰苦训练时的情绪波动，陈亚琼赛后与分开多年定居香港的家人团聚，教练袁伟民训练时的“冷酷无情”，甚至女排队员的爱情生活这种曾经在体育报道中的禁区也得以栩栩如生的展现。

在人物刻画中，融入了更多间接表现法，如以对话的形式呈现人物性格。在一段描述陈招娣训练时的对话中，刻画了倔强的陈招娣的形象：

> 不知是喘息了一会儿，还是来了一股邪劲，招娣练得完全忘我了。
>
> 袁伟民见她那么奋不顾身地扑救来球，就笑着说：“招娣，可以减掉几个！”
>
> 招娣用泪眼瞪了瞪他，发狠地说：“不要你慈悲！”
>
> 袁伟民的话，其实也是一种激将法，因为他深知招娣的性格。

又如用环境描写和类比的方式强化对人物特性的刻画，文中有一段叙述借厨师的视角刻画严厉的教练形象：

> 落在山坡上的餐厅，灯火明亮。餐桌上银白色的火锅，炭火红红，水已经沸腾，冒着缕缕的热气。伙房里，厨师们已切好菜，配好佐料，烧热锅，只等坐落山坡下的那幢训练房灯光一灭，就马上动手炒菜。但一直等到晚上七点多了，训练房的灯光依然那么明亮。管理员下去看了一趟，回来说：“看来一时还完不了，先退了火再说吧！”
>
> 厨师们等着也没有事干，干脆去看姑娘们训练。
>
> 厨师们真想劝说大家先去吃饭。但他们知道，在训练场上，他们是不便插嘴的。他们用同情的眼光瞧了瞧小汪，无可奈何地摇摇头。
>
> 小汪喝了几口白开水，又开始扣球。扣了一阵，倒下

起不来了，趴在地板上哭着嚷道：“今天我可完不成任务了！……”

厨师们一听，眼泪刷刷地流出来了。有的转过身，一边抹着眼泪，一边往外走。

当然，这篇报道并没有脱离树立女排典型的价值输导。在对女排形象进行世俗化的刻画的过程中，对女排精神的或明显或暗隐的诠释和宣扬也在叙述中随处可见：

当姑娘们乘坐客机，飞翔在浩瀚的太平洋上空，飞翔在祖国辽阔的蓝天之下时，心里依然在唱着这支悲壮的歌。这歌声里凝聚着她们为祖国荣誉献身的崇高精神，凝聚着她们继续向排球运动世界高峰攀登的勇气和力量。

中国女排的口号是“冲出亚洲，走向世界”啊。她在想她的姐妹们。她们此刻一定跟自己一样，也没有睡着吧？是啊，真正的目标还在前头。她们不会在掌声、鲜花和庆贺的酒浆中沉醉，她们将继续不懈地努力，奋勇地攀登，为祖国人民去摘取世界排球运动的王冠。

这一切无不在姑娘们的心海里掀起一朵朵雪浪花。姑娘们清晰地听到，每一个浪涛都在响亮地呼喊：“为国争光，振兴中华！”

在20世纪80年代，“奥运争光”计划成为举国体制发展的重点，国家女子排球队寄托着中国人“为国争光，振兴中华”的强国梦想。从这个角度看，女排队员在叙事中具有承载这一梦想的功能价值，国家女子排球队队员本身就是女排精神的符号载体。对国家女子排球队队员的多种方式的形象刻画虽然突破了之前人物刻画时的简单和程式化，但其目的还是使既定价值传递更具合理化，更易被受叙者所接受。

3.3 光环笼罩中被消费的“明星”

20 世纪 70 年代末，改革开放使中国人的思想观念得到解放。为了适应中国社会的大环境，中国体育界开始启动体制改革，之前体育界一味强调的集体主义价值理念在报道中相对淡化，对实现个人价值的肯定和鼓励的报道在体育界逐步兴起。体育传媒在早期的“运动健儿”、“体育标兵”等对体育人物的表达之外公开提出了“体坛明星”的说法。

1979 年 12 月 28 日，在全国十佳运动员评选揭晓之际，《体育报》头版做了通栏，标题是《愿体坛明星滚滚来　为祖国争光　为民族争气》，这是中国体育传媒首次正式提出“明星”这个称呼。这期报纸还做了有关“明星”的解释：

> 英文以“star”称文学艺术和体育界成就卓著和技艺出众的人。

当天的社论《明星赞》为“明星”正名，指出：

> 其实明星这个词本身并无阶级性……它是对超群出众人才的一个美好比喻。资产阶级可以由自己的明星，无产阶级为何不可以也有自己的明星呢?

文章肯定了明星的价值：

> 明星之明，在乎自身的闪光。他们出乎其类，拔乎其萃，竞赛场上，砥柱中流。……中国体育走向世界，为国争光，归根结底，要靠人才，要出明星。

从对“明星”一词的讳莫如深到将高水平体育人才定义为“明

星”，同时赞扬明星的存在、呼唤明星的出现，名称的变化暗示了社会对运动员观念的变迁，体育传媒将出现更多聚焦“明星”人物的报道。

由于20世纪80年代的体育体制改革只是刚刚起步，对“体坛明星”的报道并没有摆脱早期报道模式的樊篱。直到20世纪90年代，体育体制改革逐步深化，竞技体育的职业化改革全面展开，体育走向产业化发展的道路，体育明星的市场价值才真正被媒体重视。体育明星“是一种独特的符号，这种符号不仅出现在体育运动中还可以延伸到体育运动之外。体育明星不仅可以表达国家利益、民族利益、球队利益，还可以表现时尚、娱乐、生活方式等日常生活的意义”。① 如果说早期体育人物报道在刻画专业优秀的运动员形象，那么从20世纪90年代开始，大众媒介对体育明星的报道则逐步进入偶像制造的时代。

首先被国人关注的体育明星来自足球项目。1994年11月28日的《足球》发表了《绿茵霹雳——全国最佳射手胡志军素描》。在“天赋过人”“少女英雄”“东山再起”这三个章节中，叙述者围绕胡志军的体育专业技能进行展开，浓墨重彩地描绘了主人公在足球运动方面超乎常人的天赋与能力：

> 胡志军的17个入球几乎没有一个是硬弓远射中鹄的，胡志军的入球大都是巧射、抢射、补射，或高难度、小角度的快射，胡志军常常是在意想不到的情况下得手的，有时快得连看录像慢镜头也反应不过来，所以把胡志军形容为绿茵场上的霹雳手，并不为过。

最后一章“少女偶像”将叙述焦点延伸到赛场之外，细致地刻

① 郝勤，等编著．体育传播论．四川科学技术出版社，2008：102.

画了体育明星对自身形象的重视和对时尚生活的追求：

> 胡志军之所以成为不少少女少男的偶像，除了他出众的球技之外，还在于胡志军在许多方面的独特性，首先是胡志军的“胡式头型”，其次是他那一缕染成金色的头发，球星风采表露无遗，更吸引人的是他那颇具磁力的微笑，难怪胡志军成了许多女球迷的追求偶像……

这篇报道还配发了胡志军的生活照：身着休闲服，披着线衫，留着“胡式头型”的胡志军以一种放松的姿态斜倚在树边，面露微笑。这身装束在当时不啻为领导时尚潮流，诠释了体育明星在赛场之外的偶像魅力。

3.3.1 标榜个性的“超级偶像”

进入新世纪，随着商业逻辑逐步取代政治逻辑成为社会发展的主要驱动因素，中国社会走向了消费社会。在《媒体奇观——当代美国社会文化透视》一书中，作者道格拉斯·凯尔纳认为，体育运动是当代娱乐工业的重要组成部分。他以美国知名篮球运动员迈克尔·乔丹为例，认为他集运动天才、无与伦比的成就、高度的娱乐价值、将体育与商业广告完美结合的才能于一身，已经成为媒体文化奇观的符码。他对此评价道：“大量的资源和多种手段被用来丰富和推销体育文化奇观。像乔丹这样的体育明星可以从 NBA 这个体育/娱乐‘巨头’所产生的丰厚利润中赚得天文数字的工资，而观众也被训练成‘追星族’，把这些明星当作下凡的神祇来顶礼膜拜。”①为了打造类似的“超级偶像”，媒体在体育明星报道中着重从三个方面进行人物刻画——运动天赋，个人特性和私生活。

① ［美］道格拉斯·凯尔纳．媒体奇观——当代美国社会文化透视．史安斌，译．清华大学出版社，2003：76.

下面，我们以 21 世纪以来在中国体育界被媒体和公众视为“超级偶像”的体育明星中最具影响力的姚明、刘翔和李娜的相关报道为案例进行分析。

媒体打造“超级偶像”的第一种手段是极尽笔墨地展现人物超越常人的运动天赋和成就。媒体不再像之前的报道那样着重刻画人物如何通过身体苦难的洗礼，凭借坚强的意志品格和苦练技术以获取最终的比赛胜利。相反地，媒体将更多叙述用于刻画人物的身体天赋以及他们在所处项目中的卓越成就，赋予人物以“偶像”的光环。对中国男子 110 米栏项目运动员刘翔的诸多报道都采用了这种刻画方式。

在世界田径短距离赛跑项目的决赛场上，很少看到黄色人种的身影，更不要提夺冠和破世界纪录了。除了长跑和竞走项目以外，中国运动员在径赛项目中一直成绩不佳。2004 年，刘翔在雅典奥运会上实现了径赛项目零的突破，在男子 110 米栏决赛场上一骑绝尘，以平世界纪录的成绩获得冠军。一夜之间，刘翔成为田径赛场的“英雄”、媒体的“宠儿”。虽然在 2008 年和 2012 年两届奥运会赛场上先后经历退赛风波，但在跨越三届奥运会的九年里，刘翔一直被媒体塑造为“偶像”。刘翔雅典夺冠后，媒体称其为“飞人”，并极度推崇其在该项目中的统治力，尤以 CCTV5 的报道为最。

2008 年 1 月 1 日，在北京奥运年的第一天，CCTV5“体坛快讯”栏目推出了 16 分钟的《翔·二〇〇七》专题节目。节目中用各种方式强化人们对刘翔在 110 米栏项目中的实力的认知，展现一个个性十足的体育偶像形象。

通过画外音旁白看众人眼中的刘翔：

在欧洲，你随处可见贴着刘翔照片的报纸、宣传画。不仅在华人圈，就是在当地人眼里，刘翔也是一个十足的大腕。当然在对手眼里也是如此。

通过播放对手罗伯斯在接受采访时的画面和同期声类比，强化刘翔在男子110米栏项目中的统治地位：

就像全世界期待的那样，我们都想冲击刘翔的王座，我会时刻梦想着，战胜刘翔。

当刘翔在巴黎比赛中败给罗伯斯后，以漫不经心的表情和回答记者提问的言语刻画刘翔的自信：

也就这样吧，他也快不到哪去。

当他在日本世锦赛中战胜罗伯斯时，以长镜头和特写镜头集中表现刘翔冲过跑道后庆祝的动作和表情，他在接受采访时说：

只有我自己才能打败我自己，所以说我都是在跟我自己比。

从刘翔和对手罗伯斯两次比赛中的失败到成功的经历，架构了这档节目的叙述主线，节目的叙述逻辑暗示了刘翔对比赛具有统治和驾驭能力，当他面对大赛时才会有压力，当他面对一般比赛时只是追求快乐而已。只有实力强劲、比赛经验丰富的运动员，才对比赛具有这样的阅读和控制能力，懂得把握比赛的节奏。节目报道强化了刘翔在体育迷中自信十足的超级偶像形象。当刘翔在奥运退赛后，对他寄予厚望的人们感到强烈的失望，许多人提出激烈的质疑和批评，这多少与此前媒体一味地以追捧的方式刻画刘翔形象相关。

曾效力于世界上最有影响力的职业篮球联赛——NBA的姚明是中国当代最知名的篮球偶像，除了带领国家队进入奥运会、世锦赛八强，获得亚洲冠军之外，他还是迄今为止在美国NBA篮球联盟中最耀眼的华人明星。2011年7月20日，姚明宣布退役并召开新闻发布会，这成为当时体育传媒报道的媒介事件。报纸纷纷将这条消息置于头版，并制作相关的回顾姚明生涯的特刊。中央电视台体育频道、新闻频道、英语新闻频道对发布会进行全程直播。CCTV5 独家专访姚明，制作播出《姚明传奇——风云会特别节目》、专题片《传奇——姚明的故事》。专题片以“Yao 传奇”命名，历数姚明职业生涯中的各项经典赛事和成绩，专题的结尾部分在《我终于失去了你》的感伤歌曲配乐中出现画外音，发表了一段煽情式的总结：

> 这是一个巨人的故事。他是十年来中国篮球的象征，他是十年来美职篮最优秀的中锋。虽然没有率领中国队取得世界大赛的新突破，但是他的斗志，他的血性，他的感染力、号召力，却使得中国篮球走过最美好的十年。他虽然没能为火箭队带来总冠军的荣誉，但是他有 12 项数据足以载入火箭队史册。盖帽史上第二位，得分史上第六位，命中率则是第五位。他是一个斗士，血染赛场依旧顽强。他是一个领袖，在巨人的笼罩下，队友们得到了更大的空间。他是一个独行者，当弗朗西斯、麦克格雷迪、阿泰斯特一个个远离火箭的时候，只有他扛着球队独自前行。……这就是充满魅力的姚明，31 岁的时候选择退役，小巨人的新故事刚刚开始。

“传奇”“巨人”“最优秀”“斗士”“感染力”“血性”……这些词汇是对姚明职业生涯成就的高度评价，体现了媒体竭尽全力采用最高级词汇来刻画人物的“完美”。

媒体打造“超级偶像”的第二种手段是突出刻画人物鲜明的不可复制的个人特性。这个时期媒体刻画的体育人物类型不再像之前的“英雄”叙事和典型报道中的人物那样特性单一，行为具有高度的可预见性。他们展现出作为“超级偶像”的特性，这是明星被视为“神祇”的魅力来源之一。

作为在两个大满贯中夺得冠军的女子网球选手，李娜的成就有目共睹，媒体在关注她成就的同时，也放大了李娜特立独行的个性。无论是赛场上的怒吼，还是赛场外的冷脸，在超群的球技之外，李娜的媒体形象被塑造成一个体制的叛逆者。体育报道中大量引述李娜的言语以刻画她的“叛逆”。

焦点一——公开质疑举国体制：

你们这些领导和教练让我出成绩，不就是要升官发财、分房子吗？

这一年来，我的状态一直不是很好，而这都是国家队不完善的体制所造成的。

我打球不是为国家。

不要说我为国争光，我是为自己。

可能大部分人觉得运动员应该生活在一个框框里面，如果不在那个框里，就说叛逆啊，不服从组织啊。这对运动员和运动员所从事的项目不是一个好的推广。

焦点二——批评媒体，和记者叫板：

李婷和孙甜甜夺得奥运会双打冠军后，国家才开始花费巨大的人力、物力财力来发展网球，然而网球这项运动在中国的电视上依然很少见到，他们更喜欢播的是“桌子上的网球”（乒乓球）。因为那才是“球”。

我打我的网球，关你啥事儿？

哎哟，央视终于关注网球了。央视不是每一次都放乒乓球、羽毛球吗？

2014 年，李娜摘取澳网女单桂冠后在新闻发布会上激动地说：

我对得起我自己，对得起任何人。

这句话和李娜夺冠比赛的特写照片被《体坛周报》澳网特刊放置在头版，以显眼的大字号红色字体标注，并配以李娜的一句话：

我眼中的失败，不是最后一个到达终点的人，而是中途放弃的人……我用澳网奖杯实现了当初的承诺。

三言两语勾勒出李娜倔强、执拗和坚韧的性格特征。

体坛周报官方网店
体坛周报
澳网特刊
www.titan24.com
TITAN SPORTS
共16版 零售价2元
2014.1.26 星期日
A03–09 七步笑澳
A10–15 四大回眸
A2 纵横 A16 定格
我眼中的失败
不是最后一个到达终点的人
而是中途放弃的人……
我用澳网奖杯
实现了当初的承诺。
我对得起我自己
对得起任何人

图 3－1　2014 年《体坛周报》澳网特刊头版刊登的李娜特写照片

举国体制使许多运动员需要担负更多国家道德责任、谨言慎行。获得温哥华冬奥会短道速滑女子 1500 米冠军的周洋在接受记者采访时没有首先感谢国家，而是感谢自己的父母，因此遭到体育总局副局长于再清批评，并一度引发舆论热议。这让周洋背负了很大的精神压力，成绩一度陷入低谷。与之相比，处于体制外“单飞”的李娜以其叛逆和直言向人们展示了运动员的丰富个性，而她在网坛的优异表现反而增加了这种“脱轨”的个性魅力，这与商业化体坛需要表演性运动员的本质不谋而合，观众对李娜的崇拜和痴迷也就不足为奇。

媒体打造“超级偶像”的第三种手段是事无巨细地展示人物在赛场外的爱情、家庭和婚姻，用间接表现法从生活的方方面面去刻画具有世俗生活旨趣的“偶像”，以满足体育追星族对偶像的窥探欲，使之得到一种代偿性的心理满足。这一点体现出体育人物在商业社会中已经成为被媒体和公众消费的“明星”。

体育圈中的“超级偶像”好比娱乐圈明星一般，生活的方方面面都被媒体披露。相比纸媒，电视媒体的造星能力更加突出。电视媒体关注体育明星参加的训练和比赛，在一切公众场合捕捉体育明星的身影，参加晚会，参与两会，参加颁奖礼，参加商业活动，媒体化身“追星族”，一些记者俨然成了明星的跟班，全程跟踪拍摄体育明星训练和生活的点点滴滴。

以姚明为例。在姚明为国家队和美国休斯敦火箭俱乐部效力的九年间，姚明所在球队的每一场赛事几乎都被中国媒体关注和报道，关于姚明的消息经常见诸报端。姚明的个人生活也成为媒体争相报道的焦点。

2007 年 8 月 6 日，姚明和相识多年的国家女篮前队员叶莉举行婚礼。这场体育明星的婚礼获得媒体空前的关注，当时有报道称：“随便打开一个美国地方性日报的网页，都能看见姚明和叶莉的婚纱照。”著名的美联社电视网络下属的体育部门一般只记录世界重要赛事和里程碑时刻，这次也通知中国办事处工作人员与中国中央电视台及上海电视台联系获取姚明婚礼画面。上海本地媒体则无惧高温蹲点准备报道婚礼现场。[1]“不愿生活在显微镜下”的姚明原想低调完婚，但不请自来的记者多达100多人。8月8日，《体坛周报》用两个整版报道这一消息，其中《红地毯上的8个脚印》详细叙述了姚明和叶莉从相识到相恋的过程。《大腕的婚礼》还原了婚礼现场和流程，满足了读者对偶像婚礼内容的好奇心。报道中有一段对媒体如何看待这场婚礼的叙述，间接衬托出姚明无与伦比的市场号召力和其偶像形象对于媒体所具有的商业价值：

> 男女主角是如此地渴望低调，但是由于身份和地位的特殊，竟然吸引了全国上百家媒体蜂拥而来，有的宁肯在门外苦等12个小时，也不想漏掉任何一个关于婚礼的细节。之后的任何一个响动，一句闲谈都成了这场婚礼信息的奢侈品。为了获得婚礼的照片，甚至有人喊出了5万元的天价。假消息四处弥漫，有人在黄浦江码头四处探寻，只为了一句姚明叶莉将要去乘船游浦江的戏言。因为，这是大腕的婚礼。姚明这两个字，就足够掀起这样的风暴。

当代体育运动已经被融入信息和娱乐社会，体育明星如同其他领域的明星一样成为社会精英阶层，他们的价值不只体现在赛场上的竞争和为国争光，也体现在媒体的塑造以及由此向公众传递的商业社会的世俗价值理念，如通过个人努力实现梦想、获取成功。他们的生活被视为一种时尚，这种社会上层人士的生活方式也吸引着体育迷的观看与膜拜。

3.3.2 “金牌战略”下的“失意人”

20世纪70年代末，中国重返国际奥委会，重点扶持竞技体育项

---

① 管维佳．媒体关注前所未有//体坛周报，2007－08－08：A18.

目逐步成为体育工作的重点。80 年代中期，国家体委确立了以奥运会为最高层次的竞技体育战略发展思路，90 年代中期，发布了《奥运争光计划纲要》。这种集中资源向有夺金实力的项目倾斜的奥运金牌战略使“金牌至上”的思想长期影响中国体育界，也影响了体育报道的人物类型和人物刻画。

一将功成万骨枯。中国媒体刻画的“超级偶像”只是体育界金字塔的顶端，许许多多举国体制下艰难奋斗的运动员则遭遇媒体的冷待。这不仅反映了竞技体育的残酷，也显示出消费文化对体育产业的冲击。在受众消费主导媒体内容生产的时代，聚焦成功的明星、偶像相比报道失败的“失意人”显然更有市场价值。这导致中国体育传媒在选择报道人物上形成了一种传统，即长期倾向于刻画金牌获得者和成功的体育明星，相对忽视报道处于体育界金字塔塔基的诸多为体育贡献一生却可能寂寂无闻的人群。

曾经的跳高选手朱建华在 1983 年 6 月、9 月先后两次刷新男子跳高世界纪录，中国媒体对此大加报道，并将之视为 1984 年奥运会夺冠热门人选。然而在奥运会上，朱建华仅以 2.31 米的成绩获铜牌，这个成绩相比他此前创造的 2.39 米的高度有较大差距。赛后中国媒体对朱建华的报道迅速降温，甚至噤声，与赛前报道的热闹场面形成鲜明的反差。

获得金牌的运动员一夜成名，被媒体大肆追捧；没有获得金牌的运动员大多默默无闻，甚至可能担负骂名。金牌至上的舆论环境使获得银牌的运动员和金牌得主处境有天壤之别。一篇名为《活在金牌暗影里的亚军得主》的评论，讲述了三位亚军的遭遇。2000 年带着一块银牌的王义夫从悉尼回到北京首都机场时，曾“恨不得找条地缝钻进去”。王义夫说，“在中国，金牌和银牌的差别实在是太大了。”中国男子花剑三剑客之一的董兆致生活拮据，文章结尾处作者感叹：

> 相比于三剑客中的其他两位，董兆致的个人生活无疑要逊色很多，因为他生活在一个重金牌甚于一切的环境当中，他生活在一个日渐功利的社会当中。

相比之下，女子柔道亚军李淑芳付出的代价更让人侧目。李淑芳在手腕和韧带都有伤的情况下，每天坚持训练场、食堂、宿舍“三点一线”式的单调生活，在北京12年从未去过天安门、颐和园和故宫这三处名胜古迹。[①] 这样的拼搏并没有带来理想的金牌，毕其功于一役却遭受奥运会失利的打击。

“金牌至上”的理念也使得报道在刻画人物时总是刻意突出成功者所得到的物质和名利的价值，放大“失意人”所面临的环境差异，以强烈的反差刻画体育人物对于成功的渴望。中国游泳队的“蝶后之争”的报道就属此类。2012年8月2日《体坛周报》一篇名为《中国游泳一姐悄然换位　焦刘洋伦敦夺冠成功逆转》的报道，开篇是这样叙述的：

> “这一刻，焦刘洋等了四年。”一句俗套的开场白，但她的等待，是不平凡的。就像她一路狂追的决赛过程，这个90后的姑娘、尚且青涩的人生旅途，却已经写上了“卧薪尝胆”的艰辛。8月2日，她生日前4天，终于夺回了阔别4年的蝶后桂冠。

“等了四年”“卧薪尝胆”“终于夺回了阔别4年的蝶后桂冠”，类似的叙述将两名运动员之间的泳池竞争冠以“战争”的隐喻，容易唤起受叙者将焦刘洋与历史人物“勾践”做联系的阅读感受，甚至将她的胜利解读为一场对刘子歌的成功“复仇”。

这篇报道将2008年北京奥运会后获得银牌的焦刘洋与获得金牌

---

① 韩瑞峰．活在金牌暗影里的亚军得主//体坛周报，2004-08-25.

的刘子歌进行类比：

> 从那之后，焦刘洋的QQ签名就变成了“奥运，我的梦”，4年没有变过。人们把鲜花、掌声、赞誉甚至钞票都给了一战成名天下知的刘子歌，而17岁的焦刘洋却只能独享遗憾，埋头在那一池碧水里。
>
> 那一年刘子歌宛如一座大山横亘在焦刘洋的前面难以逾越。刘子歌在统领了中国女蝶的同时也统领了中国女泳，在中国游泳队赞助商的广告牌上她和一哥张琳站在了最中央。

关于焦刘洋在伦敦打破了刘子歌创下的赛会纪录获得冠军的转折，文中这样叙述：

> 焦刘洋终于在伦敦完成了逆转，也打破了刘子歌4年前的奥运纪录。“打破世界纪录拿银牌，照样没人认识你。”现在，她不用再去重复这些遗憾。

为了表现金牌获得者的成功，刻意放大“失意人”和“成功者”境遇、心理的差别，用失败的痛苦衬托成功的光环，甚至带有“挑拨”暗示地报道运动员之间的竞争行为。此类体育人物报道背后暗藏着功利色彩，在客观上加剧了体育界“金牌至上”的观念意识，也体现出处于消费文化中的体育传媒追求眼球经济的浮躁。

3.3.3 “丑闻”中的另类争议人物

市场化和商业逻辑运作促使体育媒体不仅关注体育明星的成功，也报道他们的“丑闻”。当体育明星在体育的游戏规则中遭遇失败或沉沦，对之的曝光就好比对娱乐圈明星的丑闻报道一样具有很强的商业娱乐价值。与主题的娱乐性相似，这类报道在人物刻画上呈现出小报化的趋势，着力刻画人物与所处环境的冲突，以煽情的叙述夸大矛盾，或是故意设置悬念，以“阴谋框架”解读事件，以此达到炒作新闻的目的。正如有学者所评价的：“传媒对体育明星的追踪和报道，已经远远超出了体育的范围。比如，在对演艺界明星进行报道时最常用的八卦新闻，也被大量地运用在体育传播当中。……传媒不断通过各种叙事手段明确了体育运动员的第一个身份：娱乐明星。体育传播也因此在事实上成为大众娱乐文化中非常重要的一个组成部分，成为传媒谋求经济回报的重要途径。这意味着，在体育传播的娱乐化背后，隐藏着强烈的商业主义诉求。”①

在竞技体育中，一些运动员通过服用兴奋剂来提高成绩。由于服用兴奋剂会给运动员生理造成很强的副作用，且违背体育公平竞争的原则，国际奥委会三令五申地禁止服用兴奋剂且加大了对服用者的处罚力度。即便如此，一些人在名利的诱惑下仍愿意铤而走险。这使得反兴奋剂成为当代国际体坛的共同话题。普通运动员因服用兴奋剂被取消比赛成绩或禁赛的消息并不能占据媒体的大量版面，相反，享誉体坛的明星如果被曝光了服用兴奋剂的丑闻，则会迅速引发媒体的围观，这些昔日的明星也会在媒体的聚光灯下被重新刻画。

2004 年 7 月，美国知名女子短跑运动员琼斯被前夫披露服用兴奋剂的新闻引起了田径领域的强烈反响，因为琼斯曾在悉尼奥运会上创造了辉煌成绩，被视为美国历史上最伟大的田径女运动员之一。媒体在报道这一丑闻事件时，把焦点放在了琼斯与其前夫的戏剧冲突中，不惜笔墨地描绘家庭恩怨，使一则体育报道变成了八卦的“肥皂剧”。

---

① 李健．论“明星体育”机制中的传媒叙事策略 // 当代传播，2009（5）：101－104.

琼斯和亨特手拉着手走进新闻发布会，两个人深情拥吻，亨特泪流满面。“他让我感到安全，我的生活不光是田径，还有爱，有家庭。”琼斯说，“我相信在这个星球上没有人会怀疑我不爱我的妻子，在我生命中，我最不愿意看到的事情就是我的形象在她心目中变坏。”亨特说：

四年后，两人早已劳燕分飞，再次碰面，句句是刀。①

“大约两年前，在耐克的广告片里，335 磅重的亨特在超市前的马路上扔出了一个柚子，他的妻子，那个世界上跑得最快的女人用完美的冲刺抓住了猎物。如今，他扔过来的却是个狰狞的炸弹。

亨特在他和琼斯的婚姻结束以后就打磨复仇的斧子……”②

这种人物刻画手段使严肃的体育问题娱乐化，它将读者的视野从对体育界社会问题的深度思考转向对明星私生活的窥探，既卸下了笼罩在明星头上的神秘光环，又消解了丑闻的社会批判意义。

运动员之间或是运动员与运动协会之间的争端相比，前者波及面更广，涉及的问题更复杂。2006 年多哈亚运会上，中国女子台球选手周萌萌参加八球半决赛，输球后她自曝被男队员田鹏飞性骚扰和殴打的“丑闻”，一石激起千层浪。这场冲突从开始的周田两人之间的矛盾演化为后期周家与台球协会的法律纠纷，剧情可谓跌宕起伏。媒体在报道这一冲突事件时充分体现了消费文化时代的娱乐本质，将笔墨用在追寻和呈现新闻当事人的各种说法、展示冲突的内容，而几乎没有媒体能将事实真相调查清楚，展示“争端”的过程

① 琼斯和亨特　不成亲他们便成仇 // 足球，2004-07-26.

② 情侣再次碰面，句句是刀 // 足球，2004-07-26.

如同拉开一场戏剧的大幕，各类人物粉墨登场，各自举证或各持说法，大众被追寻真相、探究现实的目标所吸引，却极易被争端的剧情所淹没而忘却关注的初衷。就好像一篇报道中所言：

> 时至今日，也没有人能说清楚去年12月8日晚上发生的一切，即使是周萌萌和田鹏飞两人，让他们复述当天的细节，也必然会发生分歧。何况，任何人在描述事实时，都会站在自己的立场。
>
> 《体坛周报》2007年2月2日

媒体追寻事实真相的职责让位于展示表演的欲望，在媒体设置的“阴谋框架”中，事件双方的体育身份已经被淡化，而娱乐价值则被开掘和消费。

3.4 非奥项目中享受运动的“追梦人”

奥运战略的实施后，奥运会项目一直是竞技体育报道中的重头戏，因而奥运项目选手和专业运动员占据了体育人物报道的主体。新世纪以来，体育传媒开始突破视野的限制，将非奥项目中的运动员和业余体育人士也纳入了报道的范围，呈现出更为多元的体育世界。在这类报道中，对人物的刻画淡化了功利色彩，而是着重从对人物行为和言语的刻画呈现一种享受运动、追求梦想的生活态度。

3.4.1 小人物的传奇故事

“人们对体育的需求已经不仅仅是从体育运动中获得健康和快感，而是展示在体育运动的过程中所表现出来的生活态度和审美的差异。”① 在体育圈中有一群人，他们穷其一生、孜孜不懈地参与某个项目的竞技，有的甚至可能为之付出生命的代价，但最后等待他们的并不是显赫的成绩。相比体育圈中的“明星”，这些人是十足的“小人物”，但是他们对体育的真诚热爱向人们展示了另一种“传奇”。

被称为“勇敢者的游戏”的达喀尔拉力赛是一项非常艰苦的赛事，这个每年举办的专业越野拉力赛中80%左右的参赛者都是业余选手。自1979年以来，在这项赛事中罹难的不幸者人数已经达到54名。但这依然无法阻止来自全世界的赛车爱好者每年前来参加这场最为艰苦的拉力赛。2005年1月12日《足球》发表的报道《英雄死在路上》，塑造了2005年达喀尔拉力赛中逝去的两位车手的形象。叙述者将两人做类比：他们同样提及这将是自己最后一次参与这项危险的赛事，同样遭遇意外后留下妻子与两个孩子撒手人寰。他们的离世使参加比赛的选手心有余悸。叙述者还提及一些选手被比赛的危险所慑服，引述一位选手的感叹：

> 我再也不想来参加这样的比赛了，简单地说，这里简直太危险了。……这样的经历将永远萦绕在我的记忆中，这是一场让人疯狂的拉力赛。

尽管如此艰险，一代代车手仍然前仆后继，因为体育的魅力不仅在于竞技的激烈，也在于追寻、经历过程中不断挑战自我、征服自我，享受运动的快感，经历常态生活所无法感受的残酷和刺激。体育带给普通人常态生活所无法给予的刺激感和征服艰险的满足感，在这些车手身上得到极致的呈现。这种人物刻画令人感受到车手对赛车运动的执着追求，也体味到以生命挑战自我的悲怆之美。

---

① 郝勤，等编著．体育传播论．四川科学技术出版社，2008：105.

再如作为美国篮球文化的舶来品，街球越来越受到青少年的喜爱。《足球》2005 年 7 月 20 日的专题报道《欲望街球》中，寥寥数笔外貌的白描，使一个装扮个性突出的少年形象跃然眼前：

> 蓬松的爆炸式头发，耳朵被头带箍着只露出耳垂处的耳环，一件紫色的品牌球衣差不多长到膝头，短裤球鞋，一身典型的街球运动装扮，当记者在江南西地铁站的出口见到多多时，他正戴着耳机坐在那里摇头晃脑地自我陶醉着。

多多描述他对篮球喜爱的时候，像是在描述他一直热恋的恋人：

> 篮球带给我一种很吸引的感觉，让我内心始终有一种说不出的喜欢。

通过直接引用主人公的语言，呈现出一个发自肺腑热爱和享受篮球运动的少年形象：

> 要掌握基本功，拥有打篮球的基本素质，才能把街球打得更好，否则只能是原地踏步，永远不能提高。你爱他就要认真去打，去享受，而不是嘻嘻哈哈，不在乎输赢。

刻画小人物的传奇故事，使体育从竞技场上的表演走向和融入普通人的日常生活。这类报道通过人物的价值观传递了报道的旨趣：即体育可以是只关乎兴趣、无关乎功利的爱好，是值得人为之不懈追求一生的事业。

3.4.2 追求品位的高消费人群

在非奥项目中享受运动快乐人群中包括一个特殊的社会阶层，他们通过参与高消费体育显示自己的运动品位，这已经成为当代体育不可忽视的社会现象。

在西方，凡勃伦研究发现，19世纪后期美国上层精英分子是主要的有闲阶级，他们以显著消费和显著休闲来显示自己与一般大众的不同。当人们不再顾虑生活的温饱时，便强烈地渴求尊严或荣誉。这种欲望可通过昂贵体育运动的消费和加入体育运动俱乐部而获得满足。[①] 布迪厄最早运用“品位”（taste）来解释体育与社会阶层的关系，他在《区隔：品味判断的社会批判》（*Distinction: A Social Critique of the Judgment of Taste*，法文版书名为“*La Distinction*”）一书中指出，不同社会阶层的人参与不同的体育运动，有不同的运动品位，经济指标、文化指标和社会指标是解释不同阶层的运动品位的关键。[②]

自从1978年实行改革开放以来，中国社会的结构发生了深刻的变化：“以职业为核心的多元社会分层的弹性社会”取代了以“身份制为核心的单一政治分层的刚性社会”，[③] 出现了处于社会中上层的“精英人士”。这些中上层人群已经将体育生活作为本阶层的一个象征和标志，炫耀性、品味性消费人群通过体育消费来展现自身的地位。[④]

由于此类人群属于社会中上层，具有很强的消费能力，他们所从事的体育项目也往往是一般人难以投入和参与的，所以对这类人物的报道中往往会着重刻画人物雄厚的资金实力和非凡的体育品位，将其与普通的体育消费群体对比形成强烈的反差，并为之冠以时尚“追梦人”的头衔。

在体育界最为奢侈的运动堪称航海运动。2005年被媒体称为“中国航海运动元年”，因为这一年有150年历史的美洲杯帆船赛首

---

① 仇军．西方体育社会学：理论、视点、方法．清华大学出版社，2010：121.

② 同上：119.

③ 熊风水．建国以来我国社会分层机制的嬗变//淮北职业技术学院学报，2007，6（1）：15－18.

④ 张宏．当代中国体育社会分层理论研究．知识产权出版社，2010：98.

次有了中国人的参与，同年8月，“骑士”号帆船穿越欧非亚7个海区，航行1.2万海里从法国驶回中国。9月7日，《足球》为此刊登了专题报道《海洋之心——中国航海运动前沿人士调查》。这期专题共包含四篇稿件：《巨鳄·汪潮涌　花4个亿参加美洲杯帆船赛是品位问题》《金钱解码　4个亿花在哪了？还可以怎么花?》《骑士号　一群中国人挑战死亡禁区的故事》，《搏海1号·翟墨　航海回来，想杀掉那个电视记者》。这四篇报道中塑造篇幅最多的人物当属汪潮涌。

对于这位斥巨资建立“中国之队”的富翁，媒体采用了直接形容法和间接表现法相结合的人物刻画方式。一方面，通过引用访谈中的观点和表达，展示社会精英层如何解读和看待航海运动，如汪潮涌在描述为何投资建队参加美洲杯时传递了三个关键词：“刺激”“渴望”“品位”。“刺激”在于“美洲杯帆船赛有个传统，在船尾专门设了一个位置，是给股东、投资方、赞助方和VIP设立的，足球比赛，你挤不进去瞎踢，F1你挤不进去，这也是美帆赛的特殊魅力。”“现在如果有段时间不上帆船，就有一种特别的渴望。”“尝试一种新的花钱方式……从来没有想过用这笔钱去买游艇”，“美洲杯不是个钱的问题，而是个品位与追求的问题”。但是，从另一方面看，通过对汪潮涌所花巨额资金的叙述间接反衬了帆船是一种富人运动，让普通人望而却步。4亿元对普通民众而言无异于天文数字，正如报道中所调侃的：4亿元能干什么？“请舒马赫做司机，把姚明请回CBA，让小贝来踢中超，买支F1车队。”

如果说《足球》的上述报道是从精英阶层的品位角度报道体育运动的话，《体坛周报》2005年6月3日的《中国之队下西洋》中对于汪潮涌的塑造就去除了更多个人理想和生活方式的成分，而是聚焦于资本与体育结合的角度，将汪潮涌塑造为一位具有体育营销眼光的投资人。这篇报道称，汪潮涌的投资源自美洲杯赛事“蕴含的无限商机”，“他认为，通过中国之队的投资可以拓展国内尚未成熟的体育营销市场——除了在商业赞助，电视转播等方面得到收益以外，国内的船舶制造技术以及其他潜在投资领域都会得到一定刺激”。

这两篇报道从不同的角度刻画了体育界精英人士的典型形象：他们有自己的品位和对休闲方式的需求，他们有足够的资金投入一般人无法企及的体育运动，他们享受运动带来的无与伦比的魅力，也享受体育营销带来的投资回报。

综合上述，从曾经的主要受政治宣传影响的新闻场，到如今的政治、商业和娱乐等多重因素交织的新闻场；从“报喜不报忧”，到“坏消息”才是好消息；从对成功者的追捧、对失败者的抚慰，到对“话题”人物的多面塑造和人文关怀；从脸谱化、功能化的人物刻画，到以多种方式描绘人物复杂的特性，体育报道中的人物类型和人物刻画折射出体育新闻话语变迁的历史。

第4章　体育报道中的叙事主题

对于叙述者、聚焦、人物类型和人物刻画的研究主要是对叙事文本相对微观层面的考察，与之相对，叙事主题的研究则是对文本相对宏观层面的总体内容和意义的理解与诠释。

“叙事主题”的概念来自叙事学中对文本“意义”的研究。意义是叙事文本的基本属性。叙事学者对意义的关注的不在于意义的内容本质，而是在于其动态生成过程。他们认为，叙事文本的“意义”存在于文本与读者的交流过程中，文本提供了意义的潜在性，文本的意义是在阅读中实现的，读者如果不懂得如何阅读，文本的意义永远是封闭的。①

在新闻叙事研究中，学者们更多地将视角投入文本本身提供的意义潜在性上，聚焦于新闻这种具有规定性的文本是如何呈现内涵丰富的框架结构的。梵·迪克使用术语“主题”（topic or theme）来诠释新闻叙事中的“意义”：

> 直观地看，主题一般指话语的所指。简而言之，一场讲座或一本书的主题相当于我们所理解的讲座或书的话题，话题就是这场讲座或这本书所传达的最为重要、核心或主导的概念。会话的主题也是如此，它是会话的内容概要和主旨。在英语中有一些术语可以用来表示这个相同的概念。在这一章中我们选择用主题这一术语。②

---

① 胡亚敏．叙事学．华中师范大学出版社，2004：189－190.

② Teun A van Dijk. News as Discourse. Lawrence Erlbaum Associates, Inc. , Publishers. 1988：30－31.

梵·迪克认为，“主题”研究属于对新闻叙事的宏观层次研究，因为“主题不是孤立的单词或句子的意义。当我们讨论更大篇幅的会话或文本时，主题指的是这一话语的概要、主旨、要点或最重要的信息”。①

研究新闻叙事文本的主题对于新闻叙事研究具有相当重要的价值，因为新闻报道是一种注重主题界定的叙事文本，它不仅是传递信息的工具，还是“各社会权力团体争取‘意义解释权’的意识形态战场”。② 从这个角度看，新闻媒体不仅通过选择、界定、评价和解释等手段对原初社会事实进行意义化，还运用意义化的过程建构一个有意义的有关国家和社会的符号世界。③ 新闻媒体所建构的符号世界一旦被受众接受，就会变成受众理解社会事件的“意义化”的框架模式，并逐步内化为受众理解世界的观念法则和结构体系。

以往对新闻报道叙述主题的研究多为针对个案的共时分析，从历时角度进行研究比研究某一个案困难得多。如何在历时研究中选择研究对象是困扰研究者的首要问题。“由于新闻求新的特性，要想寻找到几十年来都被媒体重点关注的某一事件实在颇感其难。那么，在对新闻架构进行历时分析时不免要在分析对象上放宽尺度，关注媒体在不同时期对同一类话题建构方式的变化。”④ 如薛文婷和邢学波对《人民日报》亚运会报道的历时研究，针对不同历史时段的中国媒体如何诠释亚洲故事，发现处于不同历史时段的报道分别体现出“政治一维叙事”、“政治、体育二维叙事”和“政治、体育、文

① ［荷］托伊恩·A. 梵·迪克. 作为话语的新闻. 曾庆香，译. 华夏出版社，2003：33.

② 曾庆香. 新闻叙事学. 中国广播电视出版社，2005：200.

③ 同上：199－200.

④ 王辰瑶. 嬗变的新闻——对中国新闻经典报道的叙述学解读. 中国传媒大学出版社，2009：123.

化三维叙事”的主题差异。①

我们从叙事文本出发研究体育报道叙事变迁，考察的对象依然是媒体对体育的叙事建构和意义诠释。本章将借鉴梵·迪克“主题”的概念，结合叙事文本对媒体在不同时代如何构建体育的叙述框架进行推导。同时，以足球报道为个案，透过足球报道叙事文本的主题变化看整个体育报道在叙述主题上的历史变迁。

如果有人提问：世界上哪个体育项目的关注人群最多，媒体投入报道的规模最大？答案非足球莫属。每年的欧洲五大联赛，四年一度的欧洲杯、美洲杯和世界杯足球赛，让全球亿万球迷颠倒日夜地观看，如痴如醉地沉迷。足球是以脚支配球为主，两个队在同一场地内进行攻守的体育项目。足球的对攻性强，运动员在比赛中采用规则允许的各种动作包括奔跑、急停、转身、倒地、跳跃、冲撞等，同对手进行激烈的争夺。② 国际足球协会（FIFA）2004 年初公开确认，足球最早起源于中国古代的球类游戏“蹴鞠”。“蹴”为踢，“鞠”指皮制的球。《史记·苏秦列传》中曾记载：“临苗甚富而实，其民无不吹竿、鼓瑟、蹋鞠者。”此处的“蹋鞠”与“蹴鞠”同义。

古代足球起源于中国，而现代足球是在英国诞生的。11 世纪，丹麦人入侵英格兰。英格兰人将从战场得来的丹麦人头骨以踢“球”的方式泄恨，并逐步用牛膀胱吹气来代替头骨。这种游戏后经英国王室的推广在民间迅速流传开来，成为当时流行的体育娱乐活动，并开始风靡欧洲。现代足球于 19 世纪 80 年代前后传入中国，当时香港几所学校的华人学生开始仿照英国人踢足球。香港于 1897 年举

① 薛文婷，邢学波．论人民日报亚运会报道中亚洲叙事的嬗变 // 北京体育大学学报，2011，34（11）：19－22.

② 郑志强．中国职业足球发展问题研究——基于历史演进的视角．线装书局，2010：16.

行的特别银牌赛是中国最早的足球联赛，1908 年成立的香港南华会则是最早的华人足球俱乐部。随后，上海、北京、天津、南京等地的足球运动也相继开展。1931 年中国加入国际足球联合会，并于 1936 年和 1948 年参加了两届奥运会足球比赛。①

足球是新中国成立之初就开展的体育项目之一。1951 年举办了全国性的足球比赛，1954 年开始举办全国足球联赛。此后，中国足球的发展经历了一系列波折：留洋潮，聘洋教头，推行职业联赛，管理制度改革，一次次冲出亚洲的努力，赌球、反黑和打假……中国足球犹如一场充满变数的大戏，一直是体育传媒报道的重点。

选择以足球报道作为体育报道叙事主题研究的案例，主要出于两个方面的考量：第一，足球是体育世界中当之无愧的第一大项目。它所受到的媒体关注度在所有的体育项目中居于首位，足球报道的受众群体最为庞大。无论是足球项目还是针对这个项目的报道，都拥有广泛的社会影响力。从这个角度看，分析足球报道叙事主题变化具有较高的社会价值。第二，中国足球发展的历史是中国体育发展史的缩影。足球是极少数新中国成立之初就开展的项目，在中国的历次体育机制改革中足球都被列为需要推进和改革的重点项目。在中国体育职业化、产业化改革的进程中，足球项目首当其冲。因而，中国体育发展中的新气象和新问题伴随着足球项目的发展不断交织着出现，折射出社会各种权力团体对体育报道的“意义解释权”的争夺，这使足球成为研究中国体育报道主题建构的最佳样本。

① 郑志强. 中国职业足球发展问题研究——基于历史演进的视角. 线装书局，2010：18.

4.1　政治话语中的足球赛事

4.1.1　阶级斗争思想主导下的革命叙事

新中国成立之初，中国共产党及其所建立的政府面临着一系列建立统一民族国家的重任，现实中的阶级斗争也蔓延至思想领域。于是，20世纪初至1949年前中国的体育被定义为“资产阶级体育”，是“美帝国主义的一种文化侵略，体育为反动统治者、少数人服务，供少数人玩赏”。与之相对，新中国的体育是一种“新体育”，新体育“为人民的健康、国防和生产建设服务”，这种体育强调政治思想教育：

> 体育是人民中进行共产主义教育的重要手段，培养人民和青年成为身心俱健的祖国保卫者和建设者。……政治思想不但不是体育工作中额外的附加的东西，而是贯穿在体育工作中不可缺少的内容。①

在这种阶级斗争思想主导下，足球赛事报道的叙述主题集中于两个层面。

一是通过展现新中国运动员学习和开展新体育运动的风貌诠释新体育的精神。如下一段文字中对运动员比赛作风的叙述，暗示新体育是属于人民群众的体育，因而“团结友爱”和集体主义是构成新体育的核心：

> 这次大会，充分发扬了足球运动的战斗性，运动员们在比赛中战斗意志极为饱满，并且表现了团结友爱、虚心学习

---

①　向体育工作中的资产阶级思想坚决斗争 // 新体育，1952-02：3.

胜不骄败不馁、服从组织、遵守纪律的集体主义的体育道德作风。在运动场上，可以经常看到队员们亲密地握手、拥抱，在最紧张的争夺中，某方队员为了避免对方队员受伤，往往牺牲自己进攻机会。有时对方队员跌倒了，马上很开心地扶起，队员们对裁判都绝对服从，没有发生一次埋怨和纠纷。①

二是以直接陈述的形式明确无误地阐述新体育的政治内涵。如下文中叙述者采用评析的方式干预叙事，直陈新体育的目的是为国防建设服务：

八一队的同志们告诉我们：他们在训练时，思想上认识到踢球不是为了出风头、夺锦标、好玩，而是为了推动体育运动，为了国防建设的需要。机遇这些认识，就使全队队员明确了比赛的目的，因此他们每次参加比赛都有着饱满的、不可屈服的战斗意志，就像鼓满了风的帆一样，一离岸便勇往直前。②

为了“兴无灭资”，中国体育界开展了一系列思想教育活动，其中最突出的是反对“骄娇二气”和“锦标主义”。当时任国家体委主任的贺龙主张体育训练的“三从一大”原则（从难、从严、从实战出发，大运动量训练），提倡“三不怕”（不怕苦、不怕难、不怕伤）和“五过硬”（思想、身体、技术、训练、比赛过硬）。无论是骄傲还是娇气的作风，都违背了对新时代运动员作风的规范，而“反对骄娇二气是关系到实现队伍革命化，体育工作革命化的一个重

① 对推动人民体育事业有重大意义　全国足球比赛大会胜利闭幕 // 新体育，1952－01.

② 有坚强的战斗意志、有体力和技术就能获得胜利——全国足球比赛·青年足球锦标赛散记 // 新体育，1953－04.

大问题”。[①] 同时，针对运动员的比赛作风还开展了反对锦标主义的活动。反对锦标主义就是反对将运动竞赛看作争名逐利的机会，为了个人名誉不惜在运动竞赛中互相倾轧。无产阶级运动员将运动竞赛看成是革命活动的一部分，在运动中展现力争上游、勇敢顽强、团结友爱的精神面貌以及为祖国和集体荣誉而献身的高贵品质。

这些思想在足球报道中也有所体现。《体育报》1956 年 9 月 1 日头版就有一篇与此相关的足球报道《辽宁足球队一扫再扫骄娇二气》。

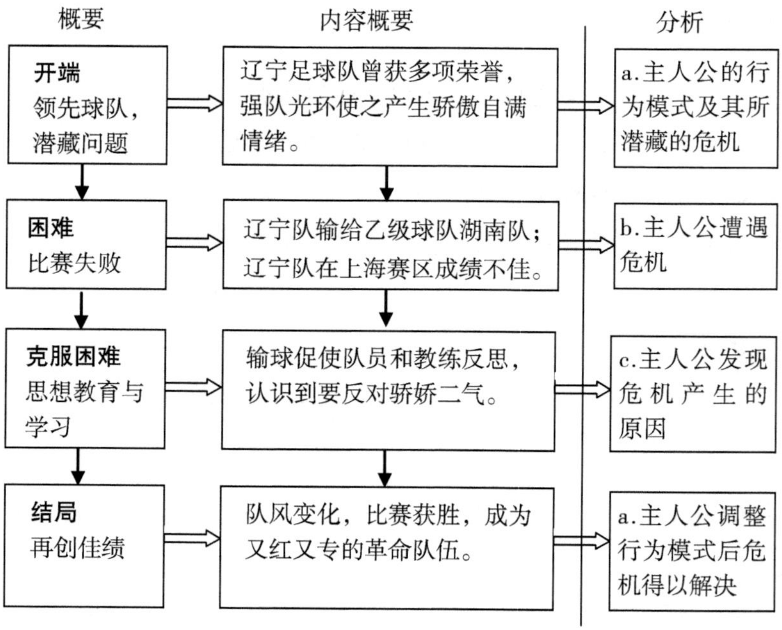

图 4－1　《辽宁足球队一扫再扫骄娇二气》的叙事结构

从图 4—1 可以看出，这篇报道的深层结构模式是危机出现—认识危机—解决危机的过程模式，这种叙述模式具有象征意义，即运动员遭遇的体育问题不是技术问题，而是思想问题，解决思想问题

① 严肃反对骄娇二气 // 体育报，1956－09－01：1，社论．

是避免危机出现、获得良好成绩的唯一途径。

在新中国成立之初，体育媒体处于一种革命叙事的大环境下，体育报道也无法避免这种“阶级斗争”的叙述语境的影响。这时期报道的叙述主题就是体育领域的阶级斗争，这种斗争又主要以破除旧体育的影响、确立新体育的政治思想领导为重点。在这样的叙述语境下，足球报道的叙述基本无视足球的专业技术特征和运动规律。

4.1.2 “友谊第一，比赛第二”的外交叙事

从新中国成立到文革结束这段时期内，中国两度面临较大的外交困境。第一次出现在建国之初，基于当时中国面临的国际环境，与中国保持体育交流的仅限于苏联和少数几个人民民主国家，中国的体育理论学科体系基本是在苏联体育理论指导下创建的。为了加强与苏联和其他人民民主国家的交往，中国从20世纪50年代就开始选派部分年轻运动员赴这些国家学习，如1954年派出两批足球运动员赴匈牙利学习和训练，这批运动员中的年维泗、曾雪麟等人后来都成为中国足球发展史中的重要人物。第二次则出现在20世纪50年代末到60年代，当时中国内忧外困的处境对体育发展造成很大的损害。1959年中苏关系的恶化，使中国陷于更加孤立的国际环境中。这促使当时的体育报道强调使用“友谊第一，比赛第二”的政治外交叙事策略建构国际赛事报道的主题。这种主题建构的方式是以并列的双层叙事结构架构故事：第一层结构是叙述比赛的过程与结果，第二层结构则是展示两国邦交和两国人民之间的友好关系。在不同的赛事报道中，这两层结构所占的叙事比重会有所差异，但友谊层次的叙事一定会以或明示或暗隐的方式存在。

1952年10月，《新体育》刊登报道《中国足球队访问了波兰》，这篇报道的叙事就采用了并列的双层叙事结构。首先叙述中国足球队访问波兰的城市和战果，这个部分虽然位于报道前部，但是所占

比重并不多。然后，报道将重心放在了友谊主题的建构上——描述足球队对波兰多地参观的收获，对波兰体育成绩的肯定，受到波兰人民欢迎的场景。报道最后再次重申这场足球出访的外交意义：

> 中波两国的这些频繁的体育运动上的交流，不仅对于我国的体育运动有极大帮助，并且必定会更加增进中波人民间的了解和友谊。

新闻叙事的主题常以标题的形式表现出来。在 1955 年 11 月《新体育》的报道《足球场上盛开的友谊花朵——记缅甸国家足球队在京的两场比赛》中，同样体现出上述主题建构模式。这篇报道叙述的是中缅两国足球队的比赛，以“足球场上盛开的友谊花朵”作为主标题，说明当时看待中国队参与的国际足球赛事并不以输赢为重点，而更看重比赛显示的国家之间的交流和友好关系。这篇报道的导语部分起了明示主题的作用：

> 像迎接所有的来访者一样，人们以极大的热情和敬意接待着这些嘉宾。对这个在亚洲声誉卓著的国家足球队在我国运动场上的表演，大家自然寄予了极高的期望和祝贺。

导语之后的前两节主要叙述比赛的精彩过程，这是次主题，第三节则回归主题，在总结比赛中的战术问题之后对“友谊”主题进行升华：

> 精彩的友谊比赛给人们带来了极大的欣慰，但人们最难忘的是在紧张比赛过程中的友好精神。球场上，两方运动员很少用危险动作踢球，就是在合理冲撞不慎撞倒对方后，也彼此很礼貌地扶起。

尽管提供的事实成分有所差异，但这类报道建构的意义相似，体现出当时中国将国际赛事视为外交活动的总体思路。

“友谊第一，比赛第二”的主题建构在建国初还只是媒体报道思路，20 世纪 60 年代末 70 年代初这一口号被国家领导人正式提出，并成为当时中国队参与国际体育赛事的准则。1969 年 5 月，毛主席在湖北武汉调研时率先提出“友谊第一，比赛第二”的说法。1971 年第 31 届世乒赛举行前，周恩来总理在人民大会堂接见国家乒乓球队员时正式提出“友谊第一，比赛第二”的指导方针。[①] 从此，这一口号正式成为体育赛事的准则。在当时政治挂帅的思想主导下实行这一方针，意味着运动员参加国际比赛就成为革命外交路线的重要环节，可以“使体育工作和联合世界革命人民反对一两个超级大国的霸权主义和强权斗争紧密结合起来。我们的运动队是增进各国人民友好的工作队，是执行毛主席革命外交战线的战斗队”。[②] 其中最典型的当属中国乒乓球队的访日和访美外交活动。

在足球界，足球队出访也受到了这一口号的影响，“友谊”和“友情”展示成为建构此类报道主题的关键词。如《体育报》1976 年 3 月 24 日发表的《在东非四国》报道了北京足球队出访东非四个国家的新闻，借鉴梵·迪克的主题结构的推导，这篇报道的结构呈现见图4 - 2。

① “友谊第一，比赛第二”口号的由来 // 人民政协报，2010 - 12 - 02.

② 谈“友谊第一，比赛第二”// 新体育，1973（3）.

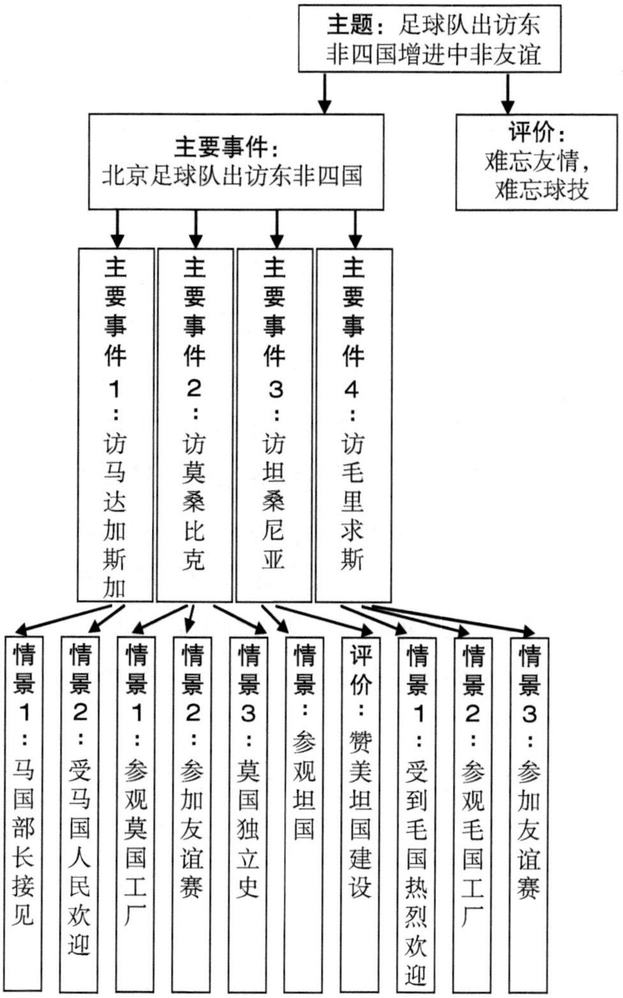

图 4－2　《在东非四国》主题结构

第一节概述新闻要素，第二节至第五节分别以“遥遥心相印　中马友谊深”“浴血赢独立　胜利叙友情”“富饶的土地　热情的人民”“久闻明珠岛　友谊遍岛香”为题，叙述出访四国的见闻。其中有三则小标题直接明示“友谊”或“友情”。在这篇报道中，赛事过程的内容被叙述者一笔带过，主题建构的重点放在了展示中国如何被国际社会其他国家接纳和认可，国际社会主义阵线如何联合和团结，其他社会主义国家如何开展经济建设等内容上。

这种主题建构的倾向，不仅体现在中国足球队的出访报道中，还体现在一些报道赛况的新闻中。后者交代的事实主体是赛事进程，但会在行文叙述中生硬地穿插一些评价分析，套用口号。如1977年6月24日《体育报》的文章《斗志旺盛　打出水平——北京足球队对希腊雅典混合队比赛观后》，着重叙述了足球比赛现场的激烈战况，其中出现了几处较为突兀的点评：

> ……这次希腊朋友千里迢迢前来我国访问，带来了希腊人民和运动员的友好情谊。……尤其是双方队员那种“宁失一球、不伤一人”的道德作风，更博得了全场观众热烈的掌声，充分表现了中希两国运动员友谊重于比赛的精神。

20世纪80年代，“友谊第一，比赛第二”的方针一度引发争议，1980年8—9月，《体育报》就这一问题邀请组织了“大家来讨论：是“打得好”吗？”的专题，其中提及报社共收到参与讨论的读者来信多达1800多封。事情起因是8月6日有读者来信反映上海足球队个别球员在一场国际比赛中报复打人的事件，《体育报》发表短评认为运动员在国际比赛中应顾全大局，以友谊为重。之后，一些读者反响强烈，对此提出不同看法，如8月20日刊登的读者来信《奋起回击打得好》一文就为上海足球队的队员叫好，认为事情是外国队挑起的，中国队员只是奋起回击：

> 面对着对手的卑劣行为奋起回击，打得好！群众振奋了。中国人给人家打得不敢还手的日子一去不复返了。中国人真的扬眉吐气了。

有读者干脆抨击“友谊第一，比赛第二”荒谬：

> 场上比赛，双方互为敌手，对手之间还讲友谊岂不笑话，应该场上比赛第一，场下友谊第一，不分场合统统讲友谊第一，妨碍了我国运动水平的提高。

持反对意见者则认为，不能将运动员在赛场上的行为等同于战场上的挑衅和侵略，不能因为运动激烈、发生碰撞就“自卫回击”，否则，运动场就成了殴斗场。最后，《体育报》连续刊发三篇署名评论才为这场评论画下句号。这场起始于改革开放之初、获得读者广泛参与的大讨论，为体育叙述主题从政治思想挂帅回归专业技术探讨埋下了伏笔。“体育赛场不等同于战场”，“友谊第一不意味着让球和不计输赢”，在这场讨论中厘清的观点，意味着在新环境下中国人对包括足球在内的体育赛事的看法起了新的变化。

4.1.3　民族主义：政治主题的另类表达

“民族主义”一词由来已久，格林菲尔德认为民族性是现代性的构成原则。民族主义是一种历史的现象，它在一个时代出现，也能在另一个时代消亡，但如果它真的消亡了，我们所生活的世界将被另一个世界（与民族主义所取代的，我们所知道的等级社会不相同的世界）所取代。① 尽管如此，关于民族主义的界定在学界至今未能统一。国内外学者对民族主义的理解大致可以分为两类：一是认为民族主义是一种思想观念的东西，另一种则将民族主义视为一种思想观念和现实运动的结合体，它既体现一种意识形态，也包含为实现这种意识形态而进行的行动或实践。② 无论是思想观念还是现实运动，学者们普遍赞同民族主义是一个政治色彩浓厚的词汇，它与现

① ［美］里亚·格林菲尔德．民族主义：走向现代的五条道路．王春华，等译．上海三联书店，2010：621.

② 胡涤非．民族主义与近代中国政治变迁．知识产权出版社，2009：12－13.

代民族国家的形成具有不可忽视的亲缘关系。

从梁启超将"民族主义"引入近代中国开始，民族主义就成为影响中国近代政治变迁的重要力量。这在体育发展的历史中也有所体现。有人曾经这样评价中国体育与民族主义不可避免的纠结："自1840年中西碰撞以来，中国人一度被西方人视为'东亚病夫'。新中国成立后，为了洗刷这一耻辱，体育比赛中的胜负作为一个泛政治化民族化的象征性符号，负载了过于沉重的强国梦想。"① 台湾学者许义雄指出，中国近代体育思想"一方面受国家情势及社会环境的制约，常在民族主义教育体系中扮演重要的角色；另一方面，又因体育的特殊的使命……因不同的历史背景及社会条件，而担负诸如自卫卫国、培养民族意识、民族情操、民族精神及养成军事技能的任务"。② 近代民族主义体育思想的特质在当代体育运动中依然保有影响力，它体现出爱国主义和狭隘的民族主义混杂的特征：一方面，对本国体育运动报以狂热的爱与忠诚，将胜利视为国家的福祉，对国家有强烈的认同和自豪感；另一方面，当包裹"爱国主义"外衣的"狭隘的民族主义"情绪出现时，参与和观赏体育的人们的心理呈现出一种非理性的心态特征，产生对他国体育的"嫉妒"与"怨恨"的情绪，并以激昂高歌的极端话语对这种情绪做出发泄式的表达。

中国男足无疑是当代体育民族主义思想的最佳载体，这支怀揣"冲出亚洲、走向世界"梦想的队伍，一次次为争取奥运会、世界杯的出线权而整装待发，又一次次遗憾地以失败告终（除了两次惨淡的奥运会之旅和韩日世界杯的出线）。几十年的循环往复形成了男足发展的吊诡现状：虽然总是被球迷调侃，让球迷一次次失望，但每

---

① 赵灵敏．奥运年的中国民族主义 // 南风窗，2008－07－29.

② ［台湾］许义雄．中国近代民族主义体育思想之特质 //"中华民国体育学会"体育学报，1990（12）：1－18.

一次的出征依然牵动无数球迷的心。当媒体和受众将过多的民族主义情绪与中国男足的比赛捆绑时，就难免出现胜则高捧败则狂轰的极端话语。当代体育报道中的民族主义情绪的表达与早期体育报道过于直白的意识形态表达相比，是一种包裹着文学外衣的隐性政治话语，它更多地借以隐喻、象征等相对隐晦的叙事方式呈现。

韩国和日本是中国男足交战对手中最易激起国人民族主义情绪的两个国家。从 1989 年 12 月曼谷亚运会上一球惜败韩国队开始，30 多年逢韩不胜的尴尬纪录使“恐韩症”成为中韩对抗的关键词。2008 年 2 月 17 日，东亚四强赛中韩揭幕战中，韩国队凭借补时时的一粒入球战胜中国，《足球》为此刊出“寒夜”专题，编辑以巴金同名小说隐喻比赛中中国男足令人失望和迷惘的表现：

> 1944 年秋冬的一个晚上，在重庆防空警报解除后的一两个小时，巴金开始了《寒夜》的写作。那是他最后的长篇小说，以清新[①]的目光，写抗战中人们的善恶萌孽、爱恨交织，雾都的迷雾映衬着人性的挣扎。
>
> 2008 年初春的下午，在重庆人雄起的吼叫声中，中国男足开始了与韩国人的战斗。这是杜伊第一次对中国男足行使职权，以斗志和他设想中强硬的边路攻击，抗韩。起伏跌宕、终又失守，雾都的迷雾让国足的锐利迷失。

将中国足球的处境放在抗战背景中做类比，将比赛用“抗韩”这样的词汇表达，将男足的赛场迷失类比抗战时的人性挣扎，这种将比赛隐喻为抗战的叙述显示出媒体在报道男足比赛中用民族主义框架进行建构的叙事策略。

除了中韩之战，中日的足球对抗更易使报道的民族主义建构升

① 疑为媒体刊发时误将“清醒”写作“清新”。

级，媒体报道对反日情绪的高涨起了推波助澜的作用。2004 年 8 月 7 日，在中国举办的亚洲杯决赛将迎来东道主中国和日本之间的决战。比赛前后，《体坛周报》围绕中日足球对决的专题清晰展现了媒体用民族主义主题捆绑赛事报道的叙述动机。

8 月 6 日，《体坛周报》头版刊发评论《N 条理由灭日》，醒目的大标题鲜明地表达了媒体对这场比赛的态度：

> 谁都清楚，这场比赛的意义绝不仅仅在于一个冠军，也不仅仅在于足球。尽管有关方面在淡化中日决战的政治色彩，但官方的外交性质的表态很难改变在国人心中积淀多年的敌视情绪。

专题中其他稿件也围绕这个主题展开，如《灭日 别无他想》《拦腰截断，以暴制暴》《“我们是最有骨气的炎黄子孙！”》等。

8 月 7 日，《体坛周报》作了两版的《2004. 8. 7　电影传奇》的策划报道，冠以电影《铁道游击队》的主题曲《西边的太阳　快要落山了》为名的评论。这期策划以《地雷战》《地道战》《铁道游击队》《新儿女英雄传》《平原游击队》《小兵张嘎》等六部抗日题材电影为类别，引用电影的经典台词，配以类比战术和注解。如《铁道游击队》中的经典台词是“我们生长在这里，每一寸土地都是我们自己的”，“类比战术”是“全场拼抢”，“注解”为“把球场上每一寸土地变成与日本队拼抢的战场”。这些报道引入了中国人耳熟能详的抗日题材电影的内容，是为了用象征手法对主题进行建构，让读者在媒体铺设的相似语境下做出自然的联想，将比赛解读为中日之间的民族对抗。

当对一场比赛以国家之间战争的意义加以象征时，对于参与比赛的队员而言，其负载可谓不可承受之重。所以，当比赛最终以日本队的胜利结束时，中国国家足球队和中国球迷都难以接受这样的结局。8 月 8 日的《国足有恨》和《工体无悔》两篇报道叙事中，洋溢着浓烈的悲情与伤感。中国国家足球队无法接受比赛结果，中国球迷也无奈、失望和感伤。报道中提及一个情节：比赛结束后，1000 多名中国球迷在中国球员入住的饭店门前聚集，高唱国歌，高声叫喊，当中国队员出现时直接高呼他们的名字，而当日本队出现时则爆出嘘声和骂声，甚至有人扔去了矿泉水瓶。

中国足球的整体水平和球员的心理素质一直饱受外界诟病。理性地分析，媒体恐怕需要对之担负一定的责任。为什么媒体在足球赛事报道中寄予过多的政治意涵？媒体鼓吹的“冲出亚洲、走向世界”这样一种强国梦想是否是对球员“无形的束缚”？深受多年来政治挂帅的熏陶和意识形态的教育，中国媒体是不是已经习惯于或有意或无意地将体育与政治捆绑，从而使当下的体育报道依然难以摆脱政治主题的影响？另一方面，受商业利益的驱动，一些媒体是不是在有意地增加足球叙事中民族主义话语的含量，以迎合当下少数人的民族主义情绪，从而增加媒体的发行量和关注度？这些问题值得新闻界深思。

4.2 回归专业话语的足球赛事报道

4.2.1 为技术“正名”：从读者来信到学术探讨

建国初期，体育界鼓吹政治挂帅。60—70 年代，练技术被视为走“白专道路”，虽然《新体育》从创刊伊始就保持每期刊登若干篇关于某种体育运动（赛事）的知识普及或技术分析文章，但是此类文章不属于新闻报道，也不是叙事文本，它们在体育传媒中所占篇幅较少。70 年代末开始，体育传媒才开始真正探讨专业技术和科学训练对于竞技体育的重要性。

对技术的探讨首先以个人名义的回复读者来信的方式提出。

一个运动员要为社会主义革命和建设做出应有贡献，就必须钻研业务苦练技术。……现在国际体坛上各项运动技术水平有很大的发展，科学研究与训练实践结合得更紧密，训练工作要更细致、深入、严密、系统。①

体育运动技术发展到现在，要继续前进，就跟登山运动员攀登顶峰一样，越往上就越困难，就必须探索它的客观规律，刻苦训练，解决一个又一个具体矛盾，才能一步步地攀登上去。②

虽然这两篇回信中仍然带着浓厚的政治挂帅体育运动的思想，但其共同之处是公开和正式提出专业技术之于体育运动的重要性，提倡脚踏实地地探索运动的科学规律。

如果说读者来信和回复属于个人名义的探讨，不能完全代表编辑部的意见的话，《体育报》开辟“体育研究”专栏、专版并广泛刊登研究体育运动规律的学术文章，则标志着体育媒体对专业技术的重视。以 1979 年 2 月 28 日《体育报》第三版为例，报纸专门开辟 1/4 的版面报道和体育研究相关的内容。其中一篇《体育是一门综合科学》的论文尤为突出，编者按中提出“体育究竟是门什么科学”的疑问，并邀请读者参与讨论。这篇文章认为，体育是一门综合科学，与自然科学和社会科学的许多学科均有密切关系。可以说，媒体最初对足球赛事报道的专业探讨是从评论和研究论文体裁中出现的，这些文本虽然不属于叙事文本，但类似的观点表达了媒体正在逐步认识体育的科学特征，这种认知也逐渐从个人观点的表达、

① 苦练技术就是走“白专道路”吗？// 体育报，1977－04－22.

② 政治好了，技术就能自然而然地上去吗？// 体育报，1977－04－27.

学术的探讨向媒体的报道叙事延伸。

4.2.2 从塑造技术攻关典型到呼唤“技术流”

前面已论述了体育媒体在塑造典型人物上的选择机制和人物刻画方式，以鲜明的政治典型宣传为目的典型报道观念在足球报道领域也具有很强的影响力。有趣的是，20世纪70年代末，足球报道向专业话语的转型是从由上至下的典型宣传开始的。作为国字号体育传媒的代表，《体育报》率先刊发了以足球技术流支持者为典型的报道，其后，国内其他专业的体育媒体也相继跟进，都在足球人物报道中建构了类似的主题。

1978年5月29日，《体育报》头版刊发报告文学《绿茵场上攻关人——记北京足球队赵立华勤奋学习的事迹》，这篇报告文学以一个不同领域科学家观足球赛后争论的故事为开端，引出了叙述主题：

> 不管这个传说的真实性如何，故事的结局谁也没去追问，然而，它却告诉我们：足球运动涉及到广泛的科学领域，没有广泛的科学文化知识，足球运动员就难以真正认识和驾驭足球运动。

这篇报告文学中刻画的主人公赵立华是北京足球队队员。他在业余时间自学英语，翻译了约20万字外国足球技术资料，写出了约25万字的《浅谈中国足球运动若干问题》的初稿。

在这篇跨越两个版面的典型报道中反复强调两个主题：（1）从事足球运动需要做科学研究；（2）足球科研需要攻关精神。在分析新闻叙事的主题时可以进行一系列事实的推导。

第一个主题推导出两个结论：（1）通过描述人物心理活动表达主题。比如，赵立华偶然获得外国杂志上介绍足球技术和科学训练的报道，但他不懂英文，听了英文老师的讲解后他意识到："踢球光靠苦练是不行的，学习和掌握科学文化知识，对提高足球运动的技术水平是多么重要啊!"（2）通过叙述人物之间的对话表达主题。在一场对话中，英文老师告诉赵立华"从事体育工作必须具有多方面的科学知识，而科学知识就像一个神秘的大宝库"，打开宝库的"钥匙"就是科学文化知识。

第二个主题推导出四个故事：（1）赵立华面对他人的争议坚持不懈自学英文三年；（2）赵立华在闲暇时间自学英文；（3）赵立华在球队出访时担任翻译获得队友和领导的支持；（4）在翻译外文足球技术资料的基础上，赵立华总结足球经验，写作《浅谈中国足球运动若干问题》一书。

文章《一心为了发展祖国的足球事业——记广州足球队教练罗荣满》（《足球》1981 年 1 月 6 日），强调主人公是"技术流"的主张者：

> 他一贯主张，打足球不能靠硬拼，要靠智取，靠技术。……在运动员的训练和选材上，他不过分强调身材，但十分强调技术。……他认为：我国足球的主要问题是技术，而不是其他。他说，我国足球要冲出亚洲，走向世界的关键是要提高技术。

不同类型的体育传媒不约而同地强调足球界运动员和教练对技术的关注，体现出当时足球报道已经将叙述主题由鼓吹政治话语向技术话语转型。

4.2.3　摆脱国际赛事报道的两极叙事框架

中国实行改革开放前，体育传媒的国际体育报道在主题建构上体现出两种截然相反的叙事框架：一方面，在报道以苏联为主的人民民主主义国家的体育时采用成就框架，即将之视为国际领先水平和先进的经验加以推广，如《新体育》杂志创刊时就开辟有介绍苏联体育的相关栏目，并在征稿时注明读者可投稿介绍苏联等国体育运动先进经验。《体育报》的第四版多为关于苏联、匈牙利、波兰等国体育成就的报道；另一方面，以问题框架报道对以美国为主的资本主义国家的体育提出质疑和批判。这类报道经常以揭露真相的口吻，叙述西方国家的体育现状，如《美国体育界真相》《揭开美国体育界“民主”的幌子 黑人运动员命运悲惨》《一个黑人运动员的遭遇》等。这种两极叙事框架归根究底是源自阶级斗争思想的影响。

20 世纪 70 年代，伴随着中美、中日建交和中苏关系的恶化，中国体育媒体的媒介环境发生了巨大的变革。尤其是 80 年代后，中国重回奥林匹克家族意味着体育的发展不能局限于国内，需要走向国际化、全球化。此外，对传媒的社会地位和角色功能的认知也发生了变革，不再将媒体局限于单纯的政治宣传工具，媒体的信息传播功能被重视，新闻的专业主义理念在一些市场化媒体的运作中逐步兴起。在这种媒介大环境下，体育传媒开始逐步摆脱国际体育报道的两极叙事框架，开始用“技术的标准”取代“意识形态的标准”衡量和评判他国的体育，对体育赛事的关注集中于竞技层次，使国际体育报道的叙述主题从“政治”向“专业”转型。

具体到足球项目，1974 年中国加入了亚足联，1978 年重回国际足联，这意味着中国足球重回世界足球比赛的舞台。1979 年，为改变中国足球运动的落后状态，国家体委向国务院作了《关于提高中国足球技术水平若干措施》的请示报告，① 国内足球运动、国内与国外足球交流得以陆续展开。当时足球领域的国际报道围绕“探索足

---

① 郑志强．中国职业足球发展问题研究——基于历史演进的视角．线装书局，2010：26.

球技战术”这一核心主题展开叙事，报道旨在介绍、分析和学习国际足球的先进技战术，摸索足球项目开展的规律。类似的报道虽然内容不尽相同，但叙事的主题建构是相似的：

第一，着重对国际足球明星精湛的足球技术进行细致的描述。如《体育报》在报道被誉为“球王”的贝利时特别具体地叙述了他独具特色的射门技术：

> 这位射门能手射门前停球、带球准确迅速，无须做多余的动作，因此处理球的衔接动作短促，射门时很少延误良机。贝利善于用假动作和面部表情掩饰自己的活动意图，使对方感到射门突然，难以对付。……贝利还善于踢弧线球……射门时右左脚运用自如。①

第二，着重介绍和分析国际知名足球队的技战术特征。1982 年世界杯之前《足球》曾花大篇幅报道国外诸家球队，其中不乏对一些国家足球队的技战术分析。下面是报道《长传为主的苏格兰队》中关于苏格兰足球队核心和战术的分析：

> 苏格兰队仍然是踢英式四四二阵容的足球，以长传为主。……苏格兰队又一个特点，就是中前场球员多来自英格兰的球队，后防球员，则多由苏格兰的球会里选出。……整个苏格兰队都是环绕着曼城队三十一岁的中场指挥赫福而建立的。……和赫福一起镇守中路的还有，效力利物浦队的桑尼斯，和效力叶士域治队的阿伦巴亚和华克。他们传送准确，无论助攻和助守都配合得丝丝入扣，他们临场表现得好坏，将会影响到苏格兰队的成绩。

---

① 体育报.1977-12-05：3.

第三，着重叙述足球项目取得突破性成绩的国家的经验。处于落后状态的中国足球亟待改变现状，走向足球强国。为了使梦想成为现实，一种有效的激励方式就是通过类比介绍别国足球运动如何取得成就，由落后走向成功，由此暗示主题：处于类似境地的中国足球如能借鉴经验，获得成绩的跃进指日可待。以《南美新冠军巴拉圭队》① 为例。这篇报道 1979 年南美足球锦标赛冠军巴拉圭队的文章，将巴拉圭足球成绩“跃进的奥秘”归结为：（1）巴拉圭人爱好足球，250 万人口的国家中有 11000 多名登记球员；（2）教练采用独特的训练方法，高强度集训，发挥巴拉圭人的速度优势。这类报道的目的就是借鉴他国经验给中国足球发展开“药方”。

第四，在国际足球赛事的报道中着重分析对阵双方的技战术水平和临场发挥。这类报道尤以四年一度的世界杯足球赛为最，其受全球关注和欢迎的程度之深，使之成为足球报道领域中最具新闻价值的题材。中国媒体对世界杯足球赛的关注始于 1982 年。当时中国中央电视台向全国播映了西班牙大赛全部 52 场赛事的录像，中国人第一次在电视荧屏上观赏世界最高水准的足球比赛。当年 6 月 12 日至 7 月 12 日，《足球》联合《广州日报》推出世界杯足球赛特刊，每天四开四版，除了聘请当时足球界名人年维泗、苏永舜、容志行等当特约评论员，邀请特约记者从西班牙发回比赛报道以外，还登载国际知名球评专家的评球报道，如“贝利评球摘登”。这是中国体育传媒首次大规模地推出国际足球赛事的连续报道，在这些赛事报道中又以对各场世界杯比赛的赛事报道比重最高。例如《稳扎稳打　有声有气　记西德、英格兰之战》，报道世界杯复赛一场 0:0 的比赛时围绕双方技战术的具体叙述使报道并不像比分那样让人乏味：

① 赖武．南美新冠军巴拉圭队 // 体育报，1980 - 03 - 31：2.

总的看来，英格兰队打得比较积极，多次利用边线进攻，从底线传出，稍为踢出一些对西德守门员有威胁的球，其余都是有惊无险的进攻。西德队在上半场二十二分钟时，唯一的机会：球从对方右边底线平行传出，英队守门员布尔通到底扑救无从，鲁梅尼格以半步之差误失戎机，失去一个难得的机会。从此，双方使用隔江骂战形式，守住阵脚，虚张声势，直至鸣金收兵。

结合赛事现场描述和技战术评析的类似赛事报道在此次特刊中俯拾即是，一些报道的撰稿人都是来自足球界的知名教练或运动员，这说明在足球报道领域从事足球项目的专业人士开始具备更多话语权，这对足球报道叙述主题从政治向技术的转型也具有关键意义。

4.2.4 反思中国足球的发展路径

1985 年 5 月 19 日，发生了著名的“5・19 事件”。当时曾雪麟执教的中国国家男子足球队出征世界杯小组赛最后一场。中国国家队在主场只需打平香港队即可出线的前提下以 1:2 的比分输给对手，导致当时北京工人体育场的观众没有压抑住悲愤和激动的情绪，在场外拦截外宾、掀翻汽车、殴打民警，造成 30 多名民警受伤、130 辆汽车被烧毁、127 名闹事球迷被拘留的骚乱事件。该事件被视为“新中国成立以来最严重的体育场所恶性事件”。

1985 年 5 月 20 日至 6 月 5 日，《体育报》先后发表多篇报道对这场比赛进行总结，剖析了失利的技术和战术因素。

表 4－1　1985 年“5·19 事件”《体育报》报道一览

日期	报道标题	报道体裁
5 月 20 日	中国足球队一比二输给香港队	消息
	输在技术不精	署名评论
	制裁扰乱赛场秩序的人	短评
5 月 22 日	少数害群之马给中国丢了脸　北京工人体育场发生一起严重破坏社会秩序事件	消息
	切实改善比赛的组织管理工作	评论员文章
	对害群之马不能姑息	现场民警言论
	任何时候都不能做有损国家声誉的事　友谊杯赛足球队座谈抨击害群之马的恶劣行径	消息
	从挫折中奋起　群策群力把我国足球搞上去	读者言论专栏
5 月 24 日	汲取教训　改进工作　练真功夫	消息：国家体委副主任袁伟民的看法
	沉痛的教训　我队受挫于香港队的原因	言论：中国足球队对失利原因的分析
	冷静地对待输球	评论员文章
6 月 5 日	不负人民期望　从挫折中奋起——致关心我国足球事业的同志和朋友	中国足协致歉信
	中国足协副主席陈家亮发表谈话　为中国足球队负于香港队承担责任	消息
	力量，来自人民——5 月 19 日中国足球队负于香港队后群众来信综述	读者来信综述

报道的主题集中在反思中国队的比赛战术布置和临场发挥上，指出中国队以“快”破香港密集防守的战术单调，长传冲吊的打法过于简单，队员求胜心切、急躁冒进、忽视防守，这是失败的主要原因。此外，这组报道中关于赛场秩序、观赛道德、赛场管理和教

练水平等多方面多角度的分析让人们意识到足球比赛的胜负取决于双方技术、战术、体能、心理、临场发挥和应对等多重因素，足球运动的发展有赖于人才选拔、训练、教练团队、赛场管理和球迷支持等多重因素。

对“5·19 事件”的总结，是中国足球探索职业发展的起步。面对阿联酋队和卡塔尔队时的两个“黑色三分钟”和亚运会失利的冲击，加深了体育传媒对中国足球职业发展所做的思考。

1989 年 10 月，世界杯预选赛亚洲六强赛在新加坡进行，只有两支球队能获得出线权。中国队在首战战胜实力强于自己的沙特队的良好开局下，先后在与阿联酋和卡塔尔的比赛中领先 87 分钟后被对手逆转，失去进军世界杯决赛圈的资格，史称两个“黑色三分钟”。次年，中国队又在家门口召开的北京亚运会上，以东道主身份在国庆节当日输给泰国队。这一系列被媒体定义为足球史上值得铭记的失利，让人们不得不对中国足球发展中存在的问题进行深刻的反思。《足球》1990 年 11 月 27 日头版（转接第二、三两个整版）刊发了严峻君根据历年采访观察所撰写的长篇述评《中国足球“白皮书”》。这篇旨在探讨“中国足球之弱前因后果”的述评以结合议论的方式叙述了大量中国足球发展中存在的事实和问题。相比之前对“5·19 事件”的教训总结，《中国足球“白皮书”》对中国足球职业发展道路的质疑和思考触及了更多深层次的矛盾和问题——足球管理层的内耗，足球人才选拔和使用上的问题，球队管理体制落后、缺乏管理艺术，不重视赛后的失利总结，训练手段陈旧，教练水平不足等。可以说，一系列失利虽然带给国人惨痛的记忆，但也将中国足球走职业化、产业化的发展道路提上了日程。

4.3 处于资本旋涡中的足球报道

4.3.1 鼓舞与抨击：足球职业化改革的双重旋律

中国足球职业化改革是中国体育产业化变革中的一个组成部分。因为历史的因素，媒体对体育经济学一度讳莫如深。1980 年 9 月 12 日《体育报》刊载的《浅谈体育经济学》，是较早研究体育经济学的文献，其中提出了体育运动的组织结构“已经成为国民经济体系中一个独立的部门”的观点。1985 年 1 月 7 日，《体育报》报道了企业投资办振云儿童足球促进会的新闻，肯定企业办体育能加快体育社会化进程，现代化企业里应有体育的位置。同年 3 月 15 日的《体育不是单纯的消费现象》的评论明确提出，要对体育事业在国民经济中的地位做出新的估计。这些文章的发表表明，体育事业在经济中的地位和体育运动中所孕育的商业价值逐步为中国的体育管理层所认识和接受。

20 世纪 90 年代初，中国足球的职业化改革拉开帷幕。郑志强在研究中国职业足球发展问题时总结说，促使中国足球实行职业化改革的原因主要在于外部政策的促动，球队屡战屡败的社会压力，体育领导进行体育改革的动力推动足球比赛巨大的商业机会出现。[①] 改革意味着变化，是在市场经济的背景下打破原有计划经济下的足球运动组织结构和利益构成机制，通过变动获取新的平衡。中国足球的职业化改革是将西方足球产业化发展的路径移植到中国，但西方足球产业化的发展是在西方现代工业革命形成成熟、完善的资本市场之后体育界的顺势而为，而中国整个市场经济体制是从 20 世纪

---

① 郑志强．中国职业足球发展问题研究——基于历史演进的视角．线装书局，2010：41 –46.

80、90 年代遭遇挫折后被迫开始推行，因而可以说，中国足球的职业化之路是一段“摸着石头过河”的旅程，并不平坦和平静。

在历经坎坷和风波的改革之路中，体育传媒是见证者和记录人。在足球经历职业化改革的过程中，媒体自身也在进行市场化改革。媒体和政府的关系发生了微妙的转变，像《足球》《体坛周报》这样具有市场背景的媒体并不像传统体育媒体那样与体育主管部门保持高度一致的论调，他们一方面为这场改革鼓与呼，另一方面在改革出现问题时给予尖锐和犀利的质疑与抨击。

足球职业化改革是从西方借鉴的舶来品，媒体在介绍西方足球运作经验、提出改革建议、分析职业改革的路径上起着关键作用。如 1990 年 11 月 13 日、20 日《足球》先后推出《职业俱乐部探秘》的连续报道，指出：

> 世界足球进入了职业俱乐部时代……改革是多方面的，可快可慢，可浅可深，但早晚要走上职业化或半职业化的道路，这是促进足球发展，提高其技术水平的一条捷径。……这里讲的俱乐部（或球队）不是一般的俱乐部，而是一个强大的经济实体，确切地说，是一个财团或者是一个庞大的贸易公司，经营以足球比赛为中心的各种商业活动，自负盈亏。进入八十年代，随着足球比赛的商业化，足球俱乐部是最赚钱的行当。

这篇带有知识普及意义的文章，系统介绍了西方职业足球俱乐部的组织机构、经费来源、管理机制、训练方法以及国家队和各俱乐部之间的关系，体现了媒体欲为中国足球职业化改革出谋划策的报道意图。

在诸多因素的助力下，中国足球职业化改革正式起步于 1992 年。这一年 6 月 22—27 日在北京红山口举行的全国足球工作会议，决定了足球职业化改革的最终路线。1993 年大连棒槌岛会议制定了《中国足球十年发展规划草案》《中国足球协会章程草案》《足球俱乐部章程草案》等文件，为足球职业化改革确定了具体步骤。1994 年 4 月 17 日，全国足球甲 A 联赛正式开始。参加第一届甲 A 联赛的球队按照足协的要求进行了俱乐部改制，虽然这些俱乐部中有不少只是“翻牌公司”，与国外职业俱乐部的运作相去甚远，但不论改制程度是否彻底，足球职业化改革的进程已经正式开始。

在中国足球职业化改革的过程中，体育媒体一直以一个清醒的旁观人定位自身，对足球改革的诸多问题给予分析和批判。这其中既有对具体话题的讨论和建议，也有对整体改革中暴露出来的各方面问题进行总结和质疑。以一直困扰中国足球的选帅问题为例。从早期为“黑色三分钟”等不佳战绩引咎辞职的国帅们，到施拉普纳等几位洋帅，教练走马灯似的更换并没有带来中国足球的进步。媒体在报道此类话题时常采用质疑和问责框架建构主题。

1993 年 6 月 29 日，《体坛周报》发表《中国足球急诊报告》，批评中国足协选择的第一位洋教练施拉普纳的执教水平与足协的不作为，认为足坛应该杜绝急功近利心态。

1998 年，经历十强赛失利的中国男足即将参加东亚四强赛，中国足协在国家队主教练人选决策上一直保持沉默，《足球》提出“广开言路”的建议，1998 年 1 月 8 日在报道《且慢定终身　还须细斟酌——国家队主帅选拔之我见》中，号召中国足协在国家队选帅问题上应在公众面前保持公开透明，而不是“长官说了算”，建议足协采用较为科学民主的竞选形式。此外，《足球》还请知名社会学家郑也夫撰写了《择帅之道——对国家队主教练的选拔任免之思考》（1998 年 1 月 15 日）一文，探讨择帅机制、土洋教练的差别、教练任期长短和目前人选优劣。可以说。这是对广开言路的自我回应。

2004 年 11 月，中国国家队在 7∶0 战胜中国香港队之后仍以净胜球的劣势无缘世界杯亚洲区决赛圈比赛，此前雅典奥运会女足首战即以0:8的比分输给了德国队。《体坛周报》以《揪出中国足球的罪人》的标题在头版刊出，将批评的箭头直指足协：

> 在既定的体制和人事下，中国足球的每一个自选动作都铭刻着罪与罚的宿命。……相关的问责风暴必须如期而至，阎世铎必须接受审判。……必须揪出中国足球的罪人。

《体坛周报》还就此话题推出了《审判中国足球》的系列报道，分别对当时足协主席阎世铎、国家队主教练阿里·汉、中国足协、中超联赛等做了“审判”。

从一方面看，这样尖锐的论断和情绪化的表达似乎并不适合一个理性、成熟的媒体，在一定程度上也激化了媒体和中国足协之间的矛盾关系；但从另一方面看，体育媒体用这种带有极端情绪的表达显示出当时中国足球职业化改革积弊之深，媒体是球迷的发声器，对中国足协官员和主教练进行“审判”是当时情景下球迷心态的真实写照，也为疏解球迷情绪提供了通道。

2005年9月13日开始，《体坛周报》继续推出连续三期的特别策划《9问中国足球》，以问题形式对中国足球职业化道路做出较为深刻的反思。这九个问题从历史纵深和横向比较的双重角度寻找和分析中国足球职业化发展步入“歧途”的原因，涉及举国体制、足协管理水平、中国足球基础、教练执教能力、球员技术、足球资本市场等诸多方面，是一种对中国足球市场化、产业化发展路径的全面审视。

4.3.2 审视足球与资本的关系

1984年，中国足坛出现了一支名为“广州白云队”的足球队，这是广州市体委下属的足球队与白云山制药厂的合作，白云山制药厂每年赞助广州队 80 万元人民币。这个当时一度被戏称为“资本主义复辟”的投资成就了中国足球第一支由企业冠名的球队，也开创了市场足球的雏形。中国足球职业化的历史也是足球市场化和产业化运营的历史，因而，资本成为掣肘足球职业化发展的关键因素，如何审视和演绎资本与足球之间的关系成为媒体把握足球改革脉搏的重要一环。

资本介入中国足球的发展给足球注入新的活力，但也带来一系列社会问题。2004 年开始，中国足球发展遭遇低谷期，以《足球》《体坛周报》为代表的专业体育传媒将反思资本对足球的影响作为叙述主题，发表了一系列报道，旨在向人们发出警示，提醒人们关注资本侵入足球领域带来的利弊。下面列举其中的较为知名的报道对其叙述主题做分析。

2004 年 6 月 30 日，《足球》做了《资本与足球》的专题报道，叙述主题在于揭示“中超所呈现的问题都是资本与联赛规则角力的结果”。为了说明这个主题，这组报道通过历数中国职业足球诸多资本事件，构建起一个宏大的主题，并试图从资本的角度探寻中超假球、派系、裁判等一系列问题的根源。其中《中国足球的资本吗啡》一文将资本比作毒品，在对资本给中国足球发展带来的利弊，对足协处理和资本之间的关系进行审视后，该文的观点发人深思：

> 资本，注定是中国足球的一剂吗啡，资本由小而大，无非是从吸食到注射的过程，如果脱离了“医用”的功能而成为整个系统唯一的“精神寄托”，带来的将是身体机能的崩溃。

从中国足球和足协后来的发展轨迹看，媒体做出这种提醒并不是杞人忧天。

2004 年 9 月 15 日，《体坛周报》转载了《中国财富》记者的文章《审计足球》。《中国足球的资本吗啡》以细节丰富的历史故事组织架构主题方式，而《审计足球》从数据解读的角度对足球职业化改革中资本的影响作了最佳诠释。这篇历时三个月、访问超过150位的国内外各领域专家的调查报告，首先抛出职业化以来各俱乐部投入已超100亿的惊人数字，曝光了中国职业球员收入与日韩球员齐平、俱乐部人力资本居高不下、球员的高转会费和低回报率、投资足球收入惨淡等现存问题。基于广泛调查的数据结论也令人震惊和深思。

2005年8月，《足球》相继推出九期历时一个多月的“中国足球潜价值”系列策划报道，通过调查采访足球职业化发展过程中的联赛俱乐部老板，探寻潜藏在足球之后的资本规则，以揭示中国足球这个看似亏本的生意为何会吸引着一代代投资人前仆后继的主题。“中国足球潜价值”开宗明义，主题在特别策划的开篇中已经明确地传递给读者：通过多方面事实和例证说明，诸多中国足球投资人在经营足球的过程中“无一例外地都享受了中国足球的‘潜价值’”。报道中提及的“潜价值”，是媒体创造的诠释中国足球和资本之间错综复杂的关联的词汇。《足球》将“潜价值”与大家熟知的“潜规则”做了类比，暗示了这种关系的不透明和背后复杂的利益纠葛：

> 如果说“潜规则”是指表面公开的规则下暗藏的约定俗成、却往往比真正的规则更能左右形势的江湖法则，那么“潜价值”则是老板们账本可见的收支数目下，看不见却更为可观的利益，巨大的广告宣传效应、政府划地拨款的支持，无不是“潜价值’的具体表现。

以“中国足球潜价值”系列报道中呈现的第一个资本故事为例。这个故事将知名的大连万达集团老总王健林作为主人公。2000年前，大连万达是中国足坛一个最响亮的品牌，缔造了联赛“六年四冠”

的佳绩。2000 年，王健林带着他的万达集团告别中国足球，其后发展为商业地产的龙头。报道《足球打下的牌子　帮王健林赚了 200 亿》回避了宏大叙事，而是采用倒叙的方式，用小故事串联出三个不同时段的王健林——在万达足球鼎盛时代的辉煌，在内外因素影响下的无奈撤资时的纠结，在离开足球之后获得商业成功的现状。资本和足球的纠缠成为贯穿这段曲折历史的主要叙事线索，其背后的复杂联系通过微观层面的个人遭遇展现。可以说，这一系列报道采用九个足球投资人的故事描绘出了中国足球职业化改革历程中的资本生态图景，无论是成功者还是失败者，无论是得意人或是失意人，他们的遭遇值得关注，他们的故事共同谱写了足球产业化中资本历史的重要篇章。

4.3.3　充斥商业营销元素的足球世界杯报道

四年一度的足球世界杯号称球迷的节日，实际也是一场媒体和商家的节日，这在电视体育报道中表现尤为突出。

1986 年世界杯被免费引进中国电视领域。1998 年，中央电视台为世界杯版权支付了 200 万美元。2002 年和 2006 年，中央电视台花费了 2500 万美元购买国际足联的世界杯转播费。到了 2010 年南非世界杯时，转播费升到了 1.2 亿美元。如此高昂的转播费用支出并没有浇灭媒体投入世界杯报道的热情，因为其中隐藏了大量的商业利益。

以 2010 年南非世界杯为例。中央电视台派出包括 4 名解说员和 8 个采访小组在内的 70 人报道团赶赴南非，在约翰内斯堡等城市的 10 个体育场全程报道 64 场比赛，中央电视台的第一频道、第五频道、第七频道、高清频道、风云足球栏目以及网络电视台分别对比赛进行电视转播；中国国内的演播室推出《球迷狂欢节》《豪门盛宴》等世界杯专题节目；首次尝试把世界杯 25 场 3D 比赛转播信号引进中国。2014 年的巴西世界杯期间，中央电视台于开幕前派出 63 人的电视转播团队，世界杯期间体育频道俨然成了“世界杯频道”，除了全程报道 64 场足球比赛，在各档体育新闻中推出大量世界杯报道，还制作了一系列专题节目，如《Go 巴西　Goal》《豪门盛宴》《我爱世界杯》等。潜藏在报道背后的是巨大的商业利益。据媒体报道，在 2009 年底和 2010 年世界杯前夕，中央电视台集中进行了两次包括世界杯和专门为世界杯举行的广告招标，这些招标项目包括射手榜独家冠名广告、世界杯倒正计时广告、全天赛事套播广告、赛中广告、赛前广告、加时赛时段广告、点球时段广告等，所有的广告收入超过 10 亿元。① 2014 年巴西世界杯期间，中央电视台凭借自己购买的电视独播权成为世界杯赞助商们在中国进行市场推广的首选媒体。

我们选择中央电视台世界杯报道中的品牌栏目《豪门盛宴》来诠释其叙事主题中充斥的商业营销元素。《豪门盛宴》栏目最早诞生于 2004 年欧洲杯期间，当时受到较好的收视反响，因而在 2006 年世界杯期间开始在每个比赛日和比赛日之后推出这档晚间专题栏目，并在后来的欧洲杯和世界杯报道中延续。这档栏目在世界杯期间颇受球迷的喜爱，其原因在于栏目以一种兼容并包的设计理念，将现场连线报道、主持人与嘉宾的对话、现场游戏互动等版块结合，采用赛前设置悬念引发受众关注、赛后全面评点分析的方式，确立一种即专业又不失轻松地解读世界杯的报道基调。这个栏目善于运用一些新的电视技术辅助叙事，如在节目现场采用虚拟技术合成 3D 南非世界杯的各个球场，在介绍比赛球员时随着镜头的变化发生视角和纵深的变化，主持人采用 3D 立体屏幕讲解赛况和比赛资料，以酷炫的视觉冲击感染观众。栏目还重视引入一些娱乐明星来增强节目

① 丁磊．保守收入超 10 亿：央视世界杯转播账单解密 // 21 世纪经济报道，2010－06－22.

的卖点，如2010年《豪门盛宴》中先后邀请了《枪王之王》《长江7号》《无人驾驶》《让子弹飞》等电影中的明星和主创人员。2014年《豪门盛宴》中先后邀请了郎朗、林志玲、邓超、李宇春、张靓颖等娱乐圈明星。栏目还在现场观众中设计“博彩”式的互动环节，让观众投注竞猜比赛结果，节目给予观众一定的奖励。这一系列精心的节目包装背后蕴藏看电视台巨大的经济利益考量，实际节目中的各个细节设计及其整体的叙事结构的安排都体现出商业营销与电视台的合谋。

《豪门盛宴》这个世界杯报道的经典电视栏目中播放的广告数量和播放频率都很高。2006年《豪门盛宴》第一次运用于世界杯报道，就与电影《夜宴》做了一次相互借力的营销宣传。当时，《豪门盛宴》在其片头融入了大量电影《夜宴》的片花，闪现的字幕为：“这个夏天，这个王国，故事关于：激情、欲望、背叛、复仇。豪门盛宴，我们的夜宴。”整个片头持续一分钟时间，每天至少播出两档。为了回报节目的免费宣传，冯小刚和谭盾成为做客栏目的第一组嘉宾，与主持人畅聊电影与足球的话题。《豪门盛宴》还为植入广告做了更为一体化的精致包装，如青岛啤酒冠名的“观酒论英雄”，DHL的“赛事速递”，伊兰特/雅绅特的“王牌对王牌”、美的的“美的时刻”、全球通的“我在现场”等，版块设计无处不体现着独具的“广告匠心”。2010年世界杯期间，中央电视台授权海尔集团独家冠名“豪门盛宴”栏目，在直播现场展现海尔集团的企业LOGO，将海尔生产的高清大屏幕触摸电视作为栏目现场独家使用的彩电品牌，此外，哈尔滨啤酒、联通、吉利、比亚迪、小天鹅、燕京啤酒等都出现在节目中，并通过微博的形式在新媒体领域推广节目的互动性和影响力。由此可见，商业资本的渗入已经不仅仅影响到产品端——体育报道叙事文本的主题建构和呈现，甚至开始影响到处于上游的生产端——体育报道的叙事机制。也就是说，一方面，体育的商业化正成为体育媒体关注的叙事主题；另一方面，商业资本已经直接渗入体育媒体，与之合谋生产充斥商业营销元素的体育报道。

4.3.4 打假、扫黑、反赌：足坛异常行为的瞭望者

以披露足坛“假球、黑哨、赌球”为主题的《中国足球内幕》一书中提及，早在20世纪70年代末中国足球就产生了假球现象，但是直到足球职业化改革和资本的介入，“假、黑、赌”现象才开始在足坛发酵和蔓延。对此，有人这样评价：

> 这些人生下来并非混球，只不过碰上了中国足球这个混球，才成为混球；甚至中国足球也不是生来混球，它也有纯朴的时光，只是在社会的巨变中，它无意中扮演了一个带菌试验体的角色。中国足球离不开时代特性。①

在这个时代巨变的过程中，中国足协的滞后反应和消极应对一直饱受诟病，但体育传媒一直没有缺位和失语，他们像瞭望者和斗士，在报道中反对足坛的异常行为，呼唤足协有所作为以还中国足球一片净土。这些促使中国足球发展遵循一种独特的逻辑：发生异常行为——媒体质疑、抨击、调查、揭露——足协或相关部门调查和处罚。

中央电视台体育频道是率先揭露足坛“假、黑、赌”现象的媒体之一，体育频道早期的知名栏目《足球之夜》，在20世纪90年代末至21世纪初掀起了第一波媒体批评的浪潮。1996年底，《足球之夜》就当年全国足球甲级联赛的争议判罚做了专题报道，中国球迷第一次通过电视看到“中国的裁判问题”。1997年底，《足球之夜》

① 李承鹏，刘晓新，吴策力. 中国足球内幕. 江苏人民出版社，2010：278.

指出，甲 A 联赛保级战关键场次中大连万达被弱旅八一逼平存在不正常之处。1998 年，云南红塔队和陕西国力队的比赛后，贾秀全在回答《足球之夜》记者采访时的一番话引发了“隋波事件”，《足球之夜》就该事件的调查结果和解决时间向中国足协倒计时。1999 年，《足球之夜》记者在足协通气会上针对“隋波事件”有关问题的采访让足协副主席南勇一连说了数十个“这个”。2003 年 10 月 6 日，《足球之夜》播出了“红与黑”专题，给大家讲述了甲 B 四支球队如何在最后一轮为争取两个冲超名额而打假球的事件。节目中展示了比赛时两方最后几分钟时的各个环节，将涉假的俱乐部老总曝光于聚光灯下。“反对假球”这一叙事主题，通过多方调查和求证、以直观的视觉方式、故事化的包装呈现出来。

21 世纪以来，中国足球并没有迎来期待中的新篇章，足球中的“假、黑、赌”现象反而甚嚣尘上。网络的兴起使地下赌球业泛滥，赌球金额越来越庞大，参与赌球的足球圈内人越来越多，赌球也逐步成为中国足坛的最大毒瘤。在这样的时代背景下，由政府自上而下命令，公安部门主导，足协协助的反赌风暴在 2009 年末正式展开，包括南勇、杨一民在内的足坛重量级人物纷纷落马。这场反赌热潮引发了全社会的广泛关注，体育传媒之间、体育传媒和其他类型的媒体之间相互合作，形成了报道共振的合力。

以报纸《足球》为例。2009 年 11 月 5 日，《足球》在中央电视台公布公安部披露足球打假真相的大动作之前就敏锐地意识到了一场反赌风暴即将开始，在头版刊出报道《反赌风暴!》，综合多条线索对足球反赌形势作了判断：“这场反赌大有酝酿成为风暴之势。”11 月 9 日，《足球》策划了“反赌风暴”专题，跨越五版的专题从反赌重点、赌球危害、反赌源头、反赌目标和足协处罚几个角度对反赌风暴的来龙去脉进行事实梳理。此外，《足球》还就这次反赌连续发表“扫赌”系列评论：《足球反黑抓赌，我的六点建议》《扫赌，我的一些主观性猜测》《赌球案需要即时发布会》《只抓贪官，不抓皇帝?》《中国足球何时才有体面葬礼》等，展示了渴望反赌彻底、信息公开、肃清足坛的价值诉求。

4.4 挖掘足球报道的文化内涵

从西方引进了职业化、联赛制，聘请了洋教练和外援，中国足球似乎已经将西方现代足球中的精髓完全引入国内，但是这些并没有带给中国足球实质性的变化。为什么中国作为古代足球发源地，经历了现代足球运动的几十年西化改革，依然没有找到适合自己的发展模式?很多足球圈内人士和媒体人士认为，这是缺乏足球文化底蕴的结果。足球运动的发展除了这些显现于外的内容之外，还需要长期历史传统积淀的深厚的足球文化，而足球文化相比外部显现的赛制、管理这些规则性的内容是难以移植的。足球文化是足球诞生的基础，也是足球持续发展的动力。

“体育是一个世界性的文化体系，它是人类社会发展到一定阶段的必然产物。”① “作为一种人类特殊的文化现象，作为顺应和满足人类自身需要的一种方式，体育不仅在物质上，而且在制度上、精神上滋养、完善、推进着人类的发展。”② 体育文化的构成较为复杂，它既包含世界各国体育文化的共性特征，如奥林匹克运动的文化为世界各国所接受，已经成为现代竞技体育文化的重要组成部分，也有因历史传统延续而导致的各国、各民族之间各具特色的体育文化，如中西方体育文化就存在诸多差异（见表4—2）。

足球文化是体育文化的分支，一国的足球文化必然与该国文化存在相关性。在现代足球的发源地英国，足球在发展中融入了英国

① 杨弢，姜付高．中西方体育文化比较．社会科学文献出版社，2008：99.

② 同上：127.

文化的基因，英国足球队曾长期采用长传冲吊战术，打法相对保守，与之相比，南美的阿根廷、巴西的足球文化则像这些国度的文化一样充满浪漫、激情和个性。而中国足球文化的形成既会受到传统体育文化的持续影响，也会遭遇西方足球文化的冲击。如何建构适合中国的足球文化，体育传媒的报道在其中起着重要作用。

表 4－2　中西方传统体育文化的差异

差异项	差异表现
体育文化产生和依存的社会环境	中国以农业文明为基础，以儒教为正统，习惯于和谐、宁静及相对稳定的生活方式，而不热衷于带有冒险、冲突和对抗性质的竞争活动。
	西方以工业文明为依托，崇尚多元和开放性的文化，热爱体现竞争精神又富有娱乐和调节生活功能的竞技运动。
体育思想基础	中国体育理念以古代朴素唯物主义哲学为指导，强调以内达外，追求内在超越的精神理念，伦理道德观压抑了个人外在超越和公平公正意识的竞技体育的发展。
	西方体育理念以自然科学为依据，具有科学性和民主性，将竞争视为运动的灵魂，在竞争中追求外在超越的个人价值的实现，充满对健美人体的崇拜和对力的赞美。
体育价值观	中国体育文化的体育价值取向是重人格胜于重人体，而西方更注意对人体的塑造和培养。
	中国传统体育讲究身心合一以及肌体与自然合一，西方认为体育是以人为核心的运动。
	中国传统体育以养生为主，崇文尚柔，没有形成相对独立的理论与方法体系。西方体育提倡科学和规范，有系统理论支撑，有比赛规则和场地器材要求。
	中国传统体育讲究自娱性，淡化胜负观念。西方体育提倡竞争，重视胜负。

资料来源：杨弢，姜付高．中西方体育文化比较．社会科学文献出版社，2008：137－147.

在建构足球文化的主题上，能查询到的最早论述出自1991年4月16日《足球》第三版的栏目“读者之声·专家论坛”中刊登的《论中国足球整体文化设计》。这篇文章不仅对足球文化做了界定，还指出足球文化包含物质条件、社会参与、足球宣传与理论研究、交流等多方面内容，“足球文化的各个方面的全面协调发展，是足球运动水平提高的根本原因。”令人惋惜的是，关于足球文化整体设计的讨论并没有在媒体得以延续，此后媒体在这个话题上的报道主要从构建足球文化的两个外在因素——成熟的球迷文化和基于国度和城市的足球文化的角度破题。

4.4.1 球迷：那一群为球痴狂的人

铁杆球迷热衷于追随自己喜爱的球队，往往会建立自己的团队，无论球队到国内的不同地区乃至其他国家进行比赛，这些球迷都会身着整齐的球服、手举横幅或标语、赶到现场，在比赛中运用吹呐喊、吹喇叭、造人浪等方式为自己的球队加油助威。无论比赛结果胜负，他们都默默支持。他们还经常组织球迷活动，喜爱与自己崇拜的球员和教练交流。2002年韩日世界杯时，全世界都被韩国球迷整齐划一的装束和加油方式所震撼，韩国更是一路高奏凯歌前所未有地进入了四强，足见球迷对于比赛的影响不容小觑。韩国球迷都穿着鲜红的球衣，因而被媒体戏称为“红魔”。对于任何一支球队而言，拥有这样一支富有战斗力又讲究秩序的球迷队伍都是一种梦想。但是长期以来，中国足球队差强人意的战绩屡屡让国内的球迷失望，国内球迷对中国足球贬多褒少，调侃中国足球成为一种流行文化，比赛胜则热捧败则痛贬的球迷文化并不能促进足球的健康发展。

早期的球迷文化报道以文学的形式呈现，主题主要是刻画球迷形象。20 世纪 90 年代，《足球》开辟了“足球文学”“文化沙龙”等版块，其中许多文章都在诠释这群为球痴狂的人。如 1994 年 8 月 29 日的《看球与不看球的女人》，将女球迷和不看足球的女性做对比，这是用简练的白描笔法刻画女球迷的典型形象和爱球心态，读起来饶有兴味。1994 年 9 月 15 日的《看球与看戏》，则比较了球迷与戏迷的观赏心态和反馈方式：

> 足球是行动与参与的对象，好比爱人；而戏剧则是供你凝神观照的对象，就像意中人。

此外，诗歌这种在媒体较为罕见的体裁也出现在对球迷的描述中。如 1994 年 8 月 29 日发表的《圆圆的梦——致球迷》，写出了失意球迷对国家队的不离不弃：

> 常常把热情烧到一百度
> 那绿茵场却总是冻成冰
> 总是把烟圈吐得很圆
> 那皮球却变得越来越陌生
> 过去很窘
> 我们就把现在放得很松
> 现在很糟
> 我们就把将来想得很好
> 将来很远
> 我们就把梦做得很近
> 欢乐很少
> 我们就把啤酒喝得很多
> 足球很大
> 我们就把自己看得很小
> 国脚很轻

我们就把信念砌得很重

如今的球迷文化报道在主题建构上体现出两种截然不同的价值诉求：一方面，诸多球迷忠诚于球队，球员感恩回馈球迷的故事被媒体报道，传达了球迷是一支球队的无形资产的价值判断，倡导建立球迷和球队之间良性互助的球迷文化。如 2005 年 4 月 11 日《足球》上刊登了《鲁能球迷倒在看球路上》的报道，主人公耿家平是山东鲁能足球队的忠实球迷，在腿残疾的情况下跟随球队征战长达九年，4 月 10 日在追随球队赴沪参赛途中突发脑溢血而离世。当晚的球赛中，球迷协会打出了“老耿永远和我们在一起”的横幅，所有鲁能队员都在手臂上戴上黑纱，并在比赛前默哀以悼念这位球迷。在这个故事中，叙述者着重刻画了球迷和球队之间如亲人般亲密的关系，球队和球员之间的彼此善待和珍重。叙述者的叙事意义通过这个令人动容的故事清晰地传递出来：对于一支球队而言，一群忠实的球迷是一笔无形财富；对于一个国家的足球发展而言，只有倡导球迷和球队之间的相互付出和真诚沟通，才能促成成熟球迷文化的形成。

另一方面，许多报道以批评足球流氓现象为内容，表达对极端足球文化的抨击主题。“足球流氓”指西方球迷群体中的一类极端球迷，他们利用观赛发泄极端情绪，经常与警察或对方球迷殴斗，甚至制造恐怖事件，伤及无辜。在全球化的时代，世界各国都将此类球迷视为不受欢迎的人，一些国家制定了严格的观赛规则，还有一些国家将知名的足球流氓加入黑名单，拒绝其入境观赛。如何应对极端球迷，已经从一国国内问题演变成全世界足球发展中的问题。在中国足球发展史上，也发生过“5·19 事件”这样严重的球迷骚乱事件，且近年来中超联赛的部分俱乐部之间对立情绪越来越盛。在这样的背景下，体育传媒有必要对这种极端球迷现象予以抨击，促进健康球迷文化的形成。2007 年 2 月，意大利警察拉奇蒂遭卡塔尼亚闹事球迷袭击身亡，意大利足球联赛为此一度停摆，警方全城搜查闹事球迷，政府官员讨论如何制止观赛极端行为。事件发生后，中国的体育传媒广泛关注，其中2月7日《体坛周报》做了两个整版的报道。在交代事实和各方反应的基础上，盘点了西方职业联赛中各队极端球迷的历史和现状。历史事实和现实事件的层层联系建构出报道的主题：呼吁解散极端球迷团体，建设更具体育竞技性和观赏性的足球环境。

4.4.2 国度与城市：足球栖息的场所

成熟的足球文化一定与栖息的场所密切相关，一个国家或一座城市的精神气质必然会催生特有的足球文化。对于了解足球的人而言，欣赏足球场上90分钟的激烈对抗，看到的不只是两支球队之间的技战术缠斗，还有不同俱乐部、城市和国度之间足球风格与文化的碰撞。巡礼足球的国度文化和城市文化，使足球报道更具文化内涵，而媒体的相关塑造反过来也使这些国度和城市的足球文化得以深入人心，甚至形成球迷内心的“刻板印象”。

从20世纪90年代开始，足球与文化的话题就在媒体中出现。《足球》1994年10月6日刊发的《足球二辩：文化·人》认为，不能因为中国传统文化不好争斗就断言中国足球文化难以发展，因为各国之间的足球文化是在相互交流中融合和借鉴的，足球风格不是一成不变的。然而，大多数足球圈人士依然钟情于差别性的足球国度文化，如前国脚高洪波在《足球民族性格》中这样描述自己观看1994年世界杯赛事时的感受：

> 首先引发我思考的是一个民族由于地域、历史、战争、体能诸多因素形成的特点作用于足球，于是我们看到了德国人的严谨、巴西人的浪漫、意大利人的狂放不羁、墨西哥人的机敏、喀麦隆人的随便中拥有的内蕴、俄国人的笨拙与拘

谨以及韩国人的顽韧。

高洪波这里所指的“民族”基本可以和国家画上等号。

足球城市文化是国度文化下的亚文化，现代足球运动中各国均以国内联赛制为主导，辅以各大洲的联赛和洲际杯赛，这使得基于城市发展的足球俱乐部成为足球运动的主要参与者，也孕育出与城市气质相匹配的足球城市文化。

21 世纪，体育媒体对足球国度文化的报道多集中于欧洲杯和世界杯时期，因为这两大杯赛是公认的竞技水平最高的足球赛事，且参与国众多。文化并不是实存物，不可以通过数据的量化进行分析比较，因而隐喻、象征或是类比都成为此类报道的叙事手段，而这就需要叙述者对这些国家的历史文化和足球发展历程有着深刻的了解，这样才能旁征博引，以增强叙述主题的说服力。

2004 年 6 月的欧洲杯期间，《足球》推出了“欧洲杯日报”连续报道，其中“伊比利亚笔记”版块主要以国别方式报道不同国家球队如何赴葡萄牙备战，这些报道中不乏对各个国家队足球文化的写真。6 月 11 日的《英格兰　奢侈而局促的老美人》，用“老美人”形容英格兰队：

> 他们有着美妙的身姿和优雅的身段，甚至名贵的传统，但他们也同样因为长久以来在老迈技术和风格中的挣扎而不能自拔。

《凶猛德国　出没在狼谷》，则用“凶猛”“出没”等词显示德国队硬朗的球风和顽强的比赛品格。

2004 年底《足球》推出了“英超城市笔记”系列报道，介绍英超各俱乐部所在城市的文化，如号称“红魔”的曼联队主场老特拉福德所在城市曼彻斯特。这篇报道的主题是阐释城市的足球文化和城市历史、人文环境之间的密切联系，这可以从叙述的逻辑中推导出：

> 大工业制造了曼彻斯特，工业精神也制造了曼联俱乐部。在崇尚整体的曼彻斯特人面前，局部或者个人从来都无足轻重。

有了这样的城市历史、人文环境，曼联独特的城市足球文化就不足为奇了：

> 在曼彻斯特，球星更是与普通居民没有分别。这里的人们热爱足球，也非常支持当地的球队，但却可以自如地在足球和私人生活之间找到平衡。

2006 年世界杯前，《体坛周报》刊发了一组“世界杯地理发现”的专题报道，涉及阿根廷、塞黑、克罗地亚等 13 个世界杯参赛国。以对瑞典的报道为例，叙述主题是展示瑞典的足球传统与文化，这些内容穿插于对该国历史、文化和地理的多角度叙事中，以恰如其分的点评形式呈现：

> 与丹麦足球相比，瑞典人在绿茵场上为童话注入了科学的严谨。
>
> 在足球运动高度商业化的今天，记者在瑞典却分明感受到了一块还没有被污染的净土。
>
> 历史造就了瑞典人的双重性格，骨子里流淌着维京海盗的血液让他们坚定团结渴望胜利，200 年来的安定又让他们懂得如何享受生活。正因如此，强壮的身体从来都是瑞典球员倚仗的资本，但他们也向来不缺少细腻的技术。

将两个不同国家或城市的足球进行类比，也是一种剖析足球国度文化的叙事策略。2007 年 1 月 24 日，《体坛周报》在调查发现球迷最爱观看英超、意甲赛事后做了“英意比较学”，将两国足球人、足球环境和足球技战术做了全面比较。在系列第一篇《玛丽和维罗尼卡》中，借用了足球名宿维利亚著作《意大利任务》中的经典比喻，将英格兰足球和意大利足球形容成两个女人的形象，来体现出两国足球人的差别。《不是雨，是风!》将两国气候等自然环境做对比之后得出结论，风大的气候对英格兰足球队员的体能和技术产生相应的影响。

总的看来，一些足球国度文化和城市文化的报道多少带着叙述者自我的情感投射，也在一定程度上存在“主题先行”下的按图索骥，还有的则加固了对国家或城市足球文化的刻板印象，但是不可否认的是，足球文化归根究底是足球人的文化，而足球人的文化与其栖息和繁衍的地方息息相关。对足球文化的探寻也是对足球蕴含的人性的关怀与探寻，意味着媒体对足球的关注不再局限于就赛论球，足球报道被放置在社会、历史、文化、地理的宏大语境中，足球与社会人文环境之间的互动联系越来越受到媒体的重视。

4.5 足球报道中的娱乐狂欢

体育具有很强的娱乐性和观赏性，这使得体育自诞生之初就具备了娱乐的基因。但是，中国的体育报道曾负载过多的政治宣传功能，在一定程度上淡化了体育的娱乐本质。当代社会，体育传媒面临传播环境的巨变，商业资本渗入体育世界，媒体报道泛娱乐化，受众价值观多元化，社会主流意识形态被解构和挑战，体育报道也被卷入媒体娱乐狂欢的旋涡。

4.5.1 文体不分家？频频现身的娱乐圈明星

人们常说：文体不分家。娱乐圈的明星从没有像如今这个时代那样在诸多领域拥有广泛的知名度和号召力。体育报道叙述主题的娱乐化首先体现为娱乐明星频繁见诸媒体。这类报道大量涌现实际就是明星与媒体之间相互助力的过程，后者帮助前者扩大在体育迷中的曝光率和知名度，而前者帮助后者提高发行量和收视率。读者往往在享受媒体烹饪的娱乐大餐时并没有意识到隐藏其后的“暗度陈仓”，也鲜有人追究他们诠释足球时的外行话。

2004 年欧洲杯时，《足球》在 6 月 11 日刊出了“娱人看球”专题，由一些耳熟能详的歌手和演员谈论各自支持的球队和看球感受。一些歌手、演员在评球时将艺术和体育之美联系在一起品味和感悟，带给球迷更加丰富的观球感受。如摇滚歌手郑钧支持英格兰队，他直言可能是自己喜欢英式音乐的原因：

> 英格兰球队的风格特点很像英式乐队。英国乐队没有美国乐队那样狂野张扬，但是他们优美的旋律和声、人文的歌词内涵深深打动着我，这一如英格兰足球队给人的印象……一支保守中蕴含激情的队伍。

在后来的雅典奥运会等大型赛事中，《足球》还推出了类似的报道。事实上，真正了解足球的明星是少数，这类借明星造势的报道并不以专业探讨为主题，其主题就好比“娱人看球”专题的编辑所言：

> 娱人看球，也是在给大家的欧洲杯生活找点乐子。

体育报道叙述主题的娱乐化的第二种体现在娱乐明星的生活直接和足球产生了关联，因而成为叙事中的主人公。比如小品王赵本山在 2005 年 4 月曾决定投资辽宁足球俱乐部，成为辽足第四股东且出任副董事长。短短数月后，被媒体戏称为“被中国足球忽悠”的赵本山结束合作。这则足球新闻因其突发性、涉及人物的显著性和让人惊叹的戏剧性被媒体广泛报道，而这些报道一改往日谈及足球投资时的严谨和理性，行文中充满小品化的戏剧场面。如 2005 年 4 月 27 日《足球》的报道《赵本山：辽足这活，我干》这样刻画签约场景：

> 辽足终于和赵本山见面了。26 日晚 11 点，在赵本山影视中心的豪华 KTV 中，兴头上的赵本山举着麦克风唱起了《马大帅》的主题歌，老赵的心情非常不错，面对在座的几位客人，小品之王放下麦克风端起酒杯冲着辽足执行董事长张曙光说："辽足这活，我坚决干。"

这篇报道通过设置悬念—揭开悬念的逻辑结构表达叙述主题，"第一桌酒　本山没到"的部分让人产生疑惑，希望知道合作的结果，"第二桌酒　老赵做东"叙述了最后敲板的过程，解开了读者的疑惑。足球圈内的合作不计其数，但很少有像赵本山投资辽足这样受到媒体青睐的新闻。体育媒体在报道这一新闻时尽可能地开发了合作背后的娱乐价值，但鲜少费笔墨于叙述合作的实质和对辽足发展的价值。

4.5.2　案例：皇马访华报道中的娱乐叙事

2013 年，国际知名足球运动员贝克汉姆的中国行成为同时段中国媒体最关注的新闻之一。连篇累牍的追踪报道，使贝迷们如同享受一场疯狂的视觉盛宴。贝克汉姆在各城市出席活动时甚至一度造成球迷骚乱和伤亡的悲剧事件，其受到的热捧程度之深令《卫报》等知名的国际媒体瞠目结舌。

翻开足球报道的历史我们发现，小贝中国行并不是头一次点燃中国球迷狂欢的热情。小贝曾经效力的西班牙皇家马德里俱乐部分别于 2003 年、2005 年、2011 年三次造访中国，都引发了球迷轰动和媒体集中式、轰炸式的报道。在这支众星云集的欧洲豪门足球俱乐部的中国行中，媒体不遗余力的投入、事无巨细的报道为球迷打造了一支神话般的球队，让球迷在追逐中感受狂欢的乐趣。

2003 年 7 月 25 日至 8 月 3 日，《体坛周报》与西班牙《马卡报》联手，连续十天出日报《皇马队报》记录皇马中国行。媒体首先赋予这场皇马中国行以非同一般的意义。《马卡报》记者在《让我们重新认识》（《体坛周报》2003 年 7 月 23 日）的评论里这样形容："一个不被神话的俱乐部来到一个对于我们来说神话般的东方本身才真正充满韵味。"讽刺的是，我们看到的恰恰是相反的场景——一个被神化的俱乐部来到了一个不被神化的东方。在所有报道中，中国球队与皇马的比赛只是陪衬，取而代之的是对皇马整个出行活动过程的追星式的跟踪采访和对皇马队员生活和训练细节的八卦式披露。从出发到接待，皇马在中国的比赛和生活都被置于媒体的显微镜下，媒体不留空隙地渲染接待的标准和排场。如《球迷零距离皇马？没戏》中细数了皇马在红塔基地的住、行、吃；《巨星们在尖叫声中出发》披露了皇马在西班牙机场出发时球迷发出振聋发聩的长达 20 分钟的尖叫声为之送行；《千余警察充当"护马"》中称红塔基地安保进入一级戒备状态；《皇马按自己的方式吃饭》详细描述了皇马的饮食之讲究；《皇马滑车 30 米冲浪》刻画训练之外的娱乐；《北京球迷更疯狂》描绘固守饭店之外的球迷们……甚至众多媒体记者也没有控制住自己，一拥而上索要签名，借采访之便行球迷之实，让皇马球员抱怨"太不职业"。①

中央电视台也加入了这场狂欢。CCTV5 在黄金时间开辟了"皇马华彩"的专栏，从 7 月 22 日持续播放到 8 月 3 日。这个专栏以"光辉岁月"、"经典比赛"和"大内高手"三个版块组成，大肆渲

---

① 王军. 众多记者索要签名　费戈被激怒了 // 体坛周报，2003 - 07 - 26：7.

染皇马队员和俱乐部的成就。皇马来京后，中央电视台记者跟踪报道，甚至像八卦记者一样进入皇马更衣室拍摄。中央电视台还买断了龙马大战的直播权，多个频道直播这场商业赛事。事实上，曾有媒体提出质疑声。如中央电视台主持人白岩松和亚足联主席维拉潘的时空连线对话中，后者明确反对类似的商业活动，可惜这种声音并没有给诸多狂热的媒体降温，他们依然沉醉于“恭迎”皇马“驾临”的狂欢。

2005 年 7 月 20 日，皇马再次访华。《体坛周报》头版文章《七星皇马驾到》中描述了媒体对这次活动的报道热情：

> 七剑齐发，皇家排场。抵达北京的是一个 76 人的代表团，还有随行的西班牙记者 28 人。虽然是凌晨时分，但接机的也有 50 多家中国媒体和自发组织的上百球迷。

《解码京城 M 档案》中对接待皇马住宿的香河第一城的奢华的描述令人印象深刻，酒店高层主管告诉记者：

> 车队停靠在“午门”，球员下车走过“金水桥”，踏过红地毯，然后再走上正安宫酒店二楼，穿过胜利走廊，进入酒店大厅，这里将举行一个热烈而浓重的欢迎仪式，绝对皇家级贵宾待遇。

但是，这次的皇马之行饱受争议。与 2003 年媒体和球迷同样疯狂追星不同，2005 年的报道中，媒体相对更加平视皇马，也提出了质疑和指责。《足球》7 月 22 日头版以《二度皇马极度混乱》为题，直指：“一切都与两年前有了天壤之别。”《足球》策划的“蝗蚂系列报道”以“蝗蚂”取代“皇马”，其暗含的讽刺意味不言而喻。报道分“合作揭秘”“超级男生”“罢演风波”“奢侈行宫”四个部分，一面是批评皇马耍大牌、圈钱、只重商业利益、不顾球迷情绪，另一面仍然密切跟踪和关注皇马球员的一举一动和他们接受的皇家级待遇。

对于中国球迷而言，能在本土见识一支国际顶级足球俱乐部的球员和比赛是一件让人兴奋的事，球迷追逐偶像的狂热情绪可以理解。与球迷相比，媒体将皇马之行塑造成“媒介事件”，通过大规模的预热宣传造势、高信息密度的全程新闻跟踪、狂欢式的表达手段使这场商业活动被演绎为球迷的“节日”。在这种娱乐叙事中，足球本身已不是重点，在足球之外，需要大量传媒的煽情故事、八卦消息和明星报道以提供更多次级“看点”和“事件”，共同完成一场被观看的狂欢仪式。

足球是体育运动中最具影响力的项目。纵观中国体育媒体对足球报道叙事主题及其建构方式的演变，足球叙事明显受到纷繁复杂的社会环境和不断变化的媒介语境的影响，因而足球话语的历史变化也可以折射体育报道、体育与社会之间关系的变迁。新中国成立后的前30年间，中国社会的政治环境和国际局势的复杂促使当时的新闻话语体现出强烈的政治意识形态色彩。在体育报道中，足球被诠释为阶级斗争和政治外交的工具。这种政治挂帅的话语体系对于20世纪80年代乃至当代的足球报道依然延续着影响力。媒体总是有意或无意地赋予足球赛事以“民族大义”，使足球负载难以承受之重。20世纪70年代末开始，围绕足球技术的专业叙事主题改变了政治话语主导的足球叙事，媒体开始更加关注足球项目的特点和规律，这种科学理性主导下的叙事主题直到今天仍然是足球报道中不可或缺的部分。当中国足球停滞不前让人头痛时，媒体将视野放宽，转而介绍西方的足球文化，让人们真正理解足球、看懂足球。伴随市场经济的推行，足球运动迈入职业化改革的道路，在这条移植西方、崎岖满布的路途中，中国足球一直不缺乏话题：一方面，受商业主义的驱使，足球改革中涌现出诸多问题，媒体为改革出谋划策，也对“假、赌、黑”深恶痛绝；另一方面，足球报道越来越体现出娱乐叙事的特征，以娱乐的方式诠释报道的主题。可见，媒体建构的足球不只是一项运动，关于足球的叙事主题并不局限于足球赛事本身，其变迁的历史也不是非此即彼的改变，它体现着媒介场中各种话语的角力，是足球、体育传媒和社会之间互动关系的投射。

第5章 体育报道中的叙事风格

本章探讨的叙事风格延续了上一章叙事主题研究的宏观层面分析，对不同历史时段的体育报道叙事文本话语风格进行研究。这里的叙述风格被视为一种叙事的典型的、可变的结构特征的总和，它受制于叙述主题的演变，也受制于媒介形态的变化，并折射出传媒所处的社会语境的变迁。

在叙事学中，关于叙事风格的讨论并不是重点。究其原因，可能与难以清晰地界定“风格”二字有很大关系。有学者认为，在崇尚个性的文学创作中，风格是完全个人化的表达，与社会和历史无关。如法国文学家、符号学家罗兰·巴特这样评价风格：“语言结构在文学之内，而风格则几乎在文学之外：形象、叙述方式、词汇都是从作家的身份和经历中产生的，并逐渐成为其艺术规律机制的组成部分。于是在风格的名义下形成了一种自足性的语言，它只浸入作者个人的和隐私的神话学中，……风格不管多么精致，它总含有某种粗糙的东西，它是一种无目的地形式，是一种冲动性的而非一种意图性的产物；它很像是思想之垂直的和单一的维面。风格的所指物存在于一种生物学的或一种个人经历的水平上，而不是存在于历史的水平上。他是作家的‘事物’，光彩和牢房；他是他的孤独自我。”①

但是一些学者认为风格虽然显示的是作家的个性特征，但这些特征不是隐蔽和自足的，而是在一定的社会语境中产生的。如杰妮弗·罗宾逊（Jenefer Robinson）在对文学作品叙述风格的研究中借

---

① ［法］罗兰·巴尔特．写作的零度．李幼蒸，译．中国人民大学出版社，2008：16－17.

鉴了理查德·沃尔海姆（Richard Wollheim）提出的艺术品创作中的一般风格（general style）和个性风格（individual style）的区分，这里的一般风格包括普遍风格（如古典主义、新现实主义等）、年代风格和流派风格。文学作品需要将两种风格结合起来才能焕发活力。[①]这说明风格不是巴特所说的独立于社会、历史的存在。中国学者吴效刚也认为："小说叙事风格是由叙事内容、主体情感和叙事形式综合形成的叙事的个体特征。它是一个小说作家异于其他小说作家的重要标志"，叙事风格不只是"作家人格的外化"，不只是"作家长期的写作实践经验积累的产物"，还是"时代特点、民族特点和地理特点综合影响的结果"。[②]

在新闻叙事领域，梵·迪克对"风格"（style）下了这样的定义：

> 一般来说，风格是话语典型的、可变的结构特征的总和，这些特征显示了在某一特定的语义、语用或情境中说话人的个性及其所处的社会语境。[③]

梵·迪克指出，风格拥有多种类型，如个人风格、团体风格、语境风格、媒体风格、话语类型风格等。以报纸新闻为例，分析了新闻话语风格的"一般性限制"（general constraints），其中包括书面语和印刷的形式，以公众作为传播对象，制度化而非个人化的写作，主题和表达形式的限制，写作时效的限制，读者的反馈，等等。这为研究新闻的叙事风格提供了理论基础。

新闻报道有别于文学艺术创作，不能像文学艺术创作那样汪洋

---

① Jenefer Robinson. General and Individual Style in Literature // The Journal of Aesthetics and Art Criticism. Winter, 1984, 43 (2): 147 – 158.

② 吴效刚. 论小说的叙述风格 // 人文杂志，2001 (2): 145 – 149.

③ Teun A van Dijk. News as Discourse. Lawrence Erlbaum Associates, Inc., Publishers, 1988: 73.

恣肆、天马行空地发挥想象力和创造力，但这并不妨碍媒体人的妙笔生花。老一辈新闻人郭超人、穆青的新闻作品自成一种风格，引得新闻界人士纷纷学习效仿。这说明看起来充满程式和限制的新闻报道也可以呈现鲜明的叙事风格。但是，新闻报道的叙事风格并不多以个人风格的形式呈现，相反，它总是以一种打着媒体印章或历史烙印的类型化风格的面目示人。如我们所熟知的“新华体”“华尔街日报体”，就是媒体出自自我的属性要求其从业者遵循共同的写作规范，从而形成的一种话语特征。与之相对，受到历史时代影响的报道叙事风格的变迁并不一定是自觉的，它受制于当时新闻场中意识形态的影响，这种时代风格的变化反过来映衬着媒体在不同时代的话语变迁。

梵·迪克对报纸新闻风格的研究表明，新闻叙事风格受到新闻信息载体的形态的限制，这给我们研究不同时代新闻叙事风格的演变提供了一种思路，即可以从媒介形态变迁的角度展现新闻报道叙事风格的演变。本章将借鉴新闻叙事学对“风格”的定义，从媒体风格切入，分别对报刊、电视和网络体育报道的叙事风格进行研究。由于三种媒体的体育报道出现的时间存在明显的差异，在分析报刊体育报道的叙事风格时，我们着重从不同时代的角度分析其特征变迁，而对电视和网络体育报道的叙事风格进行分析时，我们着重研究其当下的风格，并将不同媒体体育报道的风格差异视为体育叙事风格的变迁。

5.1 从俯视的“宣传体”走向平视的“报道体”

报刊是体育报道中最早出现的媒介类型，它在当代体育报道中仍然占据不容忽视的地位。纵观中国报纸体育报道的发展历史，我们发现，其叙事风格的演变中最突出的表现为从“宣传体”向“报道体”的转变。新中国成立后的前30年间，体育传媒作为舆论宣传工具，与媒体受众之间的地位并不平等。由上至下的宣传使报道经常采用“俯视”受众的姿态，报道的政治说教意味浓厚，因而在叙事上体现出强烈的“宣传体”风格。这种风格主要体现在叙事意图明显、逻辑简单和程式化，抒情成分多，用语极端和片面化。宣传体在20世纪60—70年代表现出更加非理性的风格特点。70年代末，随着市场化体育报纸兴起，新兴的体育传媒的身份变化使得报道的叙事风格由选出体向“平视”的报道体转变。传媒开始采用“平视”受众的报道姿态，抛弃说教和宣传式的叙事意图，以客观呈现和理性分析事件为目的，在叙事上逐步呈现出“学理化”和“趣味化”的特征。

5.1.1 “宣传体”的训导教化与非理性

1976年前，报刊体育报道的“宣传体”叙事风格体现出强烈的训导教化意图，有三种具体的表现形式。

第一种表现是在叙事结构上逻辑简单且程式化，将运动员获得体育成就的根本原因归于其思想政治过硬，对党和毛主席的忠诚与热爱，忽视体育的科学规律。

如1964年4月16日《体育报》头版刊发的通讯《人听党的话 弓箭就听人的话 解放军体育学院射箭队奋发图强创造优异成绩的事迹》。这篇报道叙述了两名运动员带病训练的故事：一名队员患了右手指关节疼，一开弓就疼得直咬牙。医生诊断队员得了职业病，需要停止射箭练习，这名队员却不愿“临阵脱逃”，坚持训练到治好为止。另一名队员由于训练方法不得当，扣弦的手指起了血泡。她却“轻伤不下火线”，挑破血泡继续练。几天后伤口化脓，她就请队友帮助把受伤手指搓麻木了再射箭。

这篇报道强调，这些运动员的顽强斗志就来自“听党的话”，对党的热爱，他们获得好成绩的经验来自党和政府的培养：

> 每当他们取得成绩，受到奖励的时候，他们谨记毛主席“虚心使人进步，骄傲使人落后”的教导，不把功劳记在个人账上。……队员们从切身的感受中列举了大量的事实，说明党的培养和教育，由衷地感谢党，感谢毛主席。

报道展示了这样的叙事逻辑：运动员要获得好成绩就要思想过硬，斗志顽强，带病坚持训练比赛是运动员爱国爱党的表现，应该得到褒奖。运动员带病参加训练和比赛本无可厚非，但是作为运动员，身体是否健康将决定其运动生涯的长短。在国外，很多运动员都非常珍惜自己的运动生涯，对伤病很重视，遇到伤病往往不是选择盲目地坚持，而是尊重运动医学选择保护自己的身体，甚至退赛治伤。这当然与中国不同于西方的体育体制有很大关系。从理性和体育科学的角度出发，这种报道叙事带来的负面效应值得反思。

第二种表现是在体育传媒刊登诗歌这样的非叙事文本直抒胸臆，或是在报道中忽略叙事，经常性地穿插抒情，做一些与叙事没有逻辑相关性的口号式的情感表达。

当代体育传媒中已经很少见到诗歌这种体裁，但是在20世纪90年代前，诗歌在体育报刊上经常出现。从严格意义上而言，诗歌不属于叙事文体，但是出现在体育传媒中的诗歌由于其内容具有部分叙事性，有一定的新闻报道功能，因而从这个角度看，报刊上的部分诗歌也可以代表当时体育报道的叙事风格。如《新体育》1956年11月出版《到奥林匹克运动会去》专号，庆祝中国代表团即将赴墨尔本参加第16届奥运会。虽然这次奥运会最终因为国际奥委会坚持在中国承认“两个国家奥委会”而遭到中国政府抗议和退赛，但是从奥运会前的报道中还是能读出当时国人为奥运选手送行的欢乐和激动的心情，因为参加奥运会被当时国人视为获得国际社会对新中国的认同，其意义非同一般。知名诗人郭沫若和艾青也为此专号献上了两首送行诗：

听呵，和平的号角声，雄壮地响彻云天。
黄河扬子江的健儿，代表着祖国的康健。
像奥林普司的群神，复活在这人间乐园。
高擎着辉煌的火炬，把光明传到地平线。

郭沫若：《送选手到墨尔本出席奥林匹克运动会》

带着北京的菊花启程
你们动身飞向墨尔本
澳大利亚现在正是初夏
大地上到处开满鲜花
祖国把希望交托给你们
并用关怀时时注视你们
愿你们一路平安
为祖国的荣誉奋勇作战
也为了和平、友谊与自由
你们个个都是选拔的战士
坚定的信心是胜利的基础
还要加倍的勇敢与机智
当你们胜利回到北京/欢迎的歌声到处沸腾

艾青：《欢送》

这种抒情在报道中也很普遍。《新体育》1972 年 10 月刊登的《胜似春光——写在第一届亚洲乒乓球锦标赛的日子里》，以“相逢”“山水”“道路”为小标题，全文歌颂了亚洲人的团结、友谊和解放。开篇即进入抒情的节奏：

> 朋友们在北京相逢了。
>
> 不论是新知还是旧识，人们一见面，就急切地用不同的语言，不同的手势，有的带着微笑，有的噙着热泪，说着同一个字眼。它像一块磁石，吸引了运动员们的心。这个字眼就是：友谊。
>
> “我们为友谊而来！“
>
> “友谊胜于胜负。胜负是暂时的，友谊是永恒的！”
>
> “我们要争友谊的冠军！”
>
> 友谊，这是个用洁白的银球传送，用鲜艳的花束织成，用发自肺腑的歌声咏赞的闪光的字眼啊！……

这篇报道由“相逢”想到“友谊”，由“山水”感叹亚洲的“文明”和人民的“团结”，由“道路”言及亚洲人“独立”、“自由”和“解放”的历史，文字间散发着饱满的情怀。

在“文化大革命”期间，这样的抒情显得生硬和口号化。《体育报》1976 年 1 月 9 日的报道《跟着毛主席在阶级斗争的风浪中前进——南宁人民举行盛大冬泳活动》中，穿插了多处毛主席语录，这些语录标以加黑加粗字体。

> 隆冬的南宁天寒水冷，奔腾的邕江波涛滚滚，但是风浪有什么可怕？“**人类社会就是从大风大浪中发展起来的**。”寒冷算得了什么？“**下决心就不冷，不下决心就是二十几度也是冷**。”游泳健儿们牢记毛主席的教导，誓作展翅高飞的鲲鹏。他们斗志更加昂扬，信心益发坚定。
>
> “**世上无难事，只要肯登攀**。”广大工农兵群众和游泳健儿，决心在毛主席革命路线的指引下，在继续革命的大道上，以“**可上九天揽月，可下五洋捉鳖**”的英雄气概，奋勇攀登新的高峰，夺取新的更大胜利。

众所周知，冬泳运动并不适合所有人，但是在伟大领袖的号召下，媒体用无视运动科学的态度，以充满豪情壮志的语言呼吁大家都来从事冬泳活动。

第三种表现是在报道中经常采用带有语言霸权和暴力特征的极端词汇。如《新体育》1957 年 9 月刊发了《看看体育界右派分子的嘴脸》的报道，直指"天津体育界的右派头目李清安"和"右派教授朱淳安"，对文中提及的对象运用"叫嚣"、"歪曲说"、"到处散布"、"搬弄是非"、"别有用心地挑拨"、"穷凶极恶地污蔑"、"颠倒黑白地说"、"反动"、"仇视"这样带有语言暴力特征的字眼传递一种非理性的情感。

这种非理性的叙事风格在文革结束前的新闻报道中时常出现，在文革期间达到巅峰。对比文革前和文革时期相似主题的报道，更能体会那一时期政治动乱带给新闻报道叙事风格的冲击。1960 年 5 月 25 日，中国登山队登上珠穆朗玛峰，是人类历史上第一次从北坡登上这座世界第一高峰。《体育报》1960 年 5 月 30 日刊发了新华社记者郭超人的通讯《红旗插上了珠穆朗玛峰》，下面节选了文中一段带有抒情性质的叙述，抒情是伴随事实叙述穿插的，显得较有理性和节制：

> 大自然的暴力并没有吓倒中国登山运动员们，他们的欢笑声盖住了一切。他们在这人迹罕见的珠穆朗玛峰下，树起高大的旗杆，第一次升起了祖国的五星红旗。他们搬走石堆，在峡谷里搭起一座座毡毛帐篷；挖开冻土，在山坡下砌起一眼眼炉灶……，就在这不久前还是野兽出没的地方，他们正式"安家落户"了。

1975 年 5 月 27 日，中国登山队再次由北坡登顶。6 月 6 日，《体育报》刊发了《英雄们再次登上地球之巅——记中国登山队九名男女运动员从北坡登上珠穆朗玛峰》，7月5日发表《欲与天公试比高——记中国登山队再次登上珠穆朗玛峰》。下面截取了这两篇通讯中的两个同样描述登山情节的段落，对比观察前后叙事风格存在的反差：

> 向世界最高峰进军的关键时刻到了！大本营出现了紧张热烈的战斗气氛。决心书、保证书、请战书，要求在斗争第一线加入中国共产党的申请书，雪片似地飞向登山队党委会。……正在这时，党中央从北京派专机给登山队送来了新鲜蔬菜和水果。运动员们手捧鲜果望北京，心潮澎湃，深情地唱道："巍巍珠峰山连山，亲切关怀北京来，党的恩情深似海，誓把珠峰脚下踩！"

> 战友的牺牲，严寒、缺氧、饥饿，与大本营失去联系，队伍决定下撤到八千二百米营地待机。但是，这都没有动摇登山运动员们征服珠峰的坚强意志。高空风刮得再猛烈，也扑灭不了登山队员们心中熊熊燃烧的战斗火焰！困难再大，阻挡不住用马列主义、毛泽东思想武装起来的中国登山运动员的前进步伐！

同样的登顶壮举，文革前的叙述中突出的是人与自然之间的斗争，人类如何战胜恶劣的自然条件登上世界第一高峰，而文革时期的报道则时刻提及革命大无畏精神和党的恩情，将之作为登山成功的主要原因，这是当时社会心态的真实写照。

5.1.2 "报道体"的学理色彩与趣味旨趣

1976年后，体育报刊性质和功能的变化促使报刊体育报道风格从宣传体向报道体转变，并最终形成了适合印刷媒体和媒介现实语境的富有学理色彩、趣味旨趣的叙述风格。

20 世纪 80、90 年代开始，在体育报刊中兴起了一类叙议结合、夹叙夹议的综述式报道。这类报道主要出现在赛事结果预测和赛事后的综述中，它们侧重从技战术、项目运动规律、实力比较的角度对重大赛事进行展望和评点，具有较强的学理色彩。这类报道在叙事风格上的特征是：以体育科学的视角切入，在叙事的基础上注重结合观点性信息，采用逻辑严密和理性的分析，评价有事实根据，采用较为庄重的书面语，体现叙述者在综合掌握信息的基础上深加工的能力和独立、独到的思考，适合印刷媒体注重叙事理性和深度的风格特点。

这类报道在足球领域最为多见。以 1995 年的《足球》为例，其刊载了《剪不断，理还乱的“职业化”——’94 中国足坛回眸（上）》（1 月 23 日）、《返璞归真——’94 中国足坛回眸》（1 月 30 日），《让射手更大胆，让卫士更机警！——’95 甲 A 联赛前瞻（二）》（4 月 10 日），《格局无大变——甲 B 联赛前五轮赛事综述》（5 月 18 日），《绿茵场出现两极分化——甲 A 联赛第六轮述评》（5 月 22 日）等诸多对中国足球发展和国内联赛格局进行分析评价的报道。以《绿茵场出现两极分化——甲 A 联赛第六轮述评》为例。这篇报道首先分析赛果，提出本轮联赛结果使积分榜出现“马太效应”，呼应标题中提及的“两极分化”；其次从入球总数减少看各队加强了防守观念；然后从六场比赛的胜负关系中分析天时、地利、人和的主场优势；最后对个别比赛的战术执行和教练用人给予点评。

在其他项目的报道中也常见这类学理色彩较浓的叙事。如《低谷幽幽，欲说羽球好困惑》（《体坛周报》1993 年 10 月 12 日）一文，是对当时中国羽毛球运动发展中问题的剖析。1992 年，中国羽毛球队经历了汤姆斯杯和奥运会的失利，1993 年全英赛、世界杯又与冠军无缘，9 月 28 日，国际羽联公布的男女单打前十位排名中，中国只在女单中占据一席，处于低谷期的羽毛球队存在哪些困惑？

这篇报道结合事实从羽毛球人才外流、训练体制不完善、北方省市羽毛球水平普遍低，混双项目不受重视等四个方面，对这些疑问进行深入的分析和解答。

这类学理风格的叙事必须将专业到位的技术分析、丝丝入扣的独到点评、丰富翔实的事实资料恰如其分地融合在一起，形成一种既似述评也似特写的报道体裁和高屋建瓴、纵横捭阖的文字风格。与其他领域新闻报道与评论体裁之间泾渭分明不同，在体育报道的叙事文本中，我们经常看到属于非叙事成分的分析评价。由此可见，在当代体育传媒的激烈竞争中，深度和专业的信息加工结合独立和独到的分析见解已经成为当代报刊体育报道不可或缺的叙事风格。

与学理型的叙事相并存的是当代报刊体育报道的市场导向和趣味旨趣。“趣味性”在西方新闻界一直被视为判断新闻价值的重要因素，但在1976年之前新中国新闻界对这种观点却讳莫如深。1976年后，晚报复刊，出现了让人们“喜闻乐见”的通俗新闻，此后“趣味”之于新闻的价值才逐步被认可。进入21世纪以来，报道策划的观念被中国媒体广泛接受，体育报刊中也涌现出更多策划型报道，这类报道在叙事视角上讲究多元结合，在叙事结构上作了精心布置，追求一种多维策划的趣味叙述风格。这种“趣味”旨趣体现在体育报道中体现为结合对读者阅读心理的考察和报社的采访报道优势，帮助读者梳理他们感兴趣的某一话题的多元信息，提供多角度、大容量、高效率的阅读快感。

2005年8月11日，《足球》刊发《网球之城》的策划报道，介绍网球项目在中国的兴起。网球曾一度被视为“贵族运动”，现在正被越来越多的中国人喜爱和参与。《网球之城》以网球和城市的联系为线索，分为“第一城”、“网恋”、“下一代”、“搜城”四个部分，其中“第一城”和“搜城”呼应标题中的“城”，前者讲述天津如何在国内网球界崛起，后者则是中国各网球城市的特征盘点。“网恋”和“下一代”则聚焦于城中人，“网恋”叙述一家经营网球俱乐部的夫妇的故事，“下一代”是对青少年网球爱好者的刻画。报道的前三个部分均以“故事”为主，以故事的跌宕起伏增强报道的趣味性。以“第一城”为例。这篇文章叙述了天津网球队教练王金禄11年前在德国留洋的故事。一支来自东方、装备硬件极差的球队遭到德国人的冷遇和轻视，无论是训练和饮食都未得到良好的支持，但球队队员凭借顽强的毅力坚持下来，还在之后的德国赛事中以让德国人惊诧的好成绩结束了这场留洋之行。这段不平凡的经历使王金禄看到中国网球和国际水平的差距，并在天津网球中心坚定推行“走出去，请进来”的人才培养模式，使天津网球在全国网球界崭露头角。“卧薪尝胆”的母题符合中国读者的阅读期待，也暗示着对中国网球赶超世界先进水平的美好期望。

2006年7月10日，《体坛周报》以《永恒遗憾》为题报道了齐达内在世界杯决赛场的黯然离场，用“遗憾”结束了他在足球场上的绝唱。《告别齐达内》专辑设计了“憾”“美”“路”“思”“忆”“艺”六个关键字，以此为核心架构相关的故事。这些精心策划的文字体现出编者的独具匠心，显示了书面语言的凝练之美。“憾”齐达内的挂靴使欧洲球员中再无“艺术家”；“美”赞叹齐达内球场内外的技艺和美德；“路”诠释齐达内的足球生涯；“思”思考齐达内对法国足球的意义；“忆”从旁人视角看齐达内；“艺”感叹大师离去，下一个足球大师难出现：

> 齐达内的绝唱，以点球完美开场，以自己职业生涯的第14张红牌黯淡结束——如一场梦、似一出戏。

这样具有戏剧冲突的故事，这样让人唏嘘的结局。对于喜爱技术足球的人们而言，齐达内的离去的确是一种永恒的遗憾，而对于众多球迷而言，媒体对之的全面报道无疑可作为一种记忆珍藏。报纸适时和全面地盘点这位足球大师，满足了球迷阅读兼收藏的喜好。

5.2 从单向封闭的“口播体”走向双向交流的“对话体”

电视体育报道兴起于20世纪90年代中后期，在我们对这类报道的叙述风格做研究之前，我们有必要先区分电视体育报道的基本形态。如果按电视报道的叙事逻辑的设置和后期编辑制作的程度来划分，电视体育报道可以分为“直播”或“转播”的体育赛事报道和“后期制作”的体育专题节目。前者对跨时空的节目素材做现场直接切换或简单的编辑后播出，其中最为常见的是赛事直播节目，这类节目的特点是以赛事自身的时间线索为叙事逻辑，通过即时或延时的传真带给观众较多的现场感和真实感；后者是对跨时空的节目素材做后期编辑后播出，如录播的体育专题节目、体育纪录片。这类节目的特点是能够经过后期的剪辑和编辑，按照节目的报道目的重新设计叙事逻辑，而不是按照事件本身的时序进行报道，它有助于形成更为立体的叙事，讲述逻辑更为复杂的故事。

电视体育报道兴起之初，受到报刊叙事风格的影响，在叙事上以单向的口播体风格为主，叙事态度上是由上及下的俯视，是背向受众的单向交流。叙事语言上依然沿袭了书面语言的相对严谨、庄重的特点，叙事方式上是较为单一的。当代电视体育报道在对叙事方式进行充分的开发后，呈现出以双向的对话体为叙事风格的新面貌。这种对话体风格的叙事态度是平等的，面向受众的双向交流，叙事语言具有日常的、通俗的、个性化的口语特点，叙事方式上更为丰富，经常采用多种编辑手段对节目素材进行巧妙的后期加工。体育赛事直播或转播中的体育解说风格的演变最直观地呈现了这种叙事风格的变化。

5.2.1 从庄重到个性的听觉语言风格转变

转播和直播体育赛事类的报道，是电视体育报道有别于报刊体育报道的重要类型。受到印刷媒体形态的限制，报刊体育报道无法像电视报道那样传回跨时空的音视频传真，因而当电视媒体出现时，人们最先被此类报道的真实感所震撼。相比后期编辑痕迹较浓的体育专题报道或纪录片，这类赛事直播或转播报道的叙事风格演变在赛事的视觉语言层面变化不大，更突出地呈现在与赛事画面相互配合的听觉语言——体育解说的叙事风格变化上。

体育解说是电视体育报道的一种独特形式。“电视体育解说是指以电视传播为媒介，在体育赛事实况转播过程中，以有声语言对画面（赛事现场）进行叙述、介绍、讲解、评论和烘托”。① 这说明电视体育解说具有的三个特征：（1）以电视传播为载体，是电视语境下的报道形式，须与电视的画、音响相结合；（2）电视体育报道的对象主要是体育赛事；（3）电视体育解说不仅要运用语言对赛事进行叙述，还需要讲解和评论。在一场体育比赛中，电视体育解说运用语言叙述、评价赛事，因而，体育解说风格电视体育报道叙事风格的一种呈现形式。

在电视体育报道传播的半个世纪历史中，电视体育解说员的解说风格也随着时代发生着变化，经历了三代电视体育解说员的风格变化，从庄重的书面语言风格逐步向个性化的口语风格转变。

宋世雄是第一代电视体育解说员中家喻户晓的代表人物。1951年，上海人民广播电台第一次转播了苏联一支男篮队到上海访问期间的比赛，揭开了中国体育解说的序幕。当时担纲解说的播音员张之是体育解说的开山鼻祖，著名的体育解说员宋世雄在电台解说出

① 冉强辉，林侃．我国电视体育解说员传播素质的研究 // 体育科学，2009（29）：64 – 70.

道后曾经张之指导，被誉为“小张之”。1984 年，宋世雄调入中央电视台，其实此前他已经负责央视的体育解说和评论工作。

电台工作和解说的经历使宋世雄的电视体育解说融合了广播体育解说的特点：精神振奋、情绪饱满、字正腔圆、语速快、述评结合、反应机敏、注重解说细节。20 世纪 80 年代，电脑和互联网并没有普及，1984 年洛杉矶奥运会时，中国对奥运会的转播毫无经验，几乎所有解说工作都落在宋世雄一人身上。他将中国国际广播电台提供的外刊做成几大箱剪报，还随身携带了一本世界地图。为了能够把运动员和他们的名字对上号，宋世雄赛前观看运动员练习，跟他们一起吃饭、聊天，以便了解运动员的特征和细节。[①] 正是因为赛前做了大量资料准备工作，宋世雄在解说中除了介绍现场，还告知规则、历史，介绍运动员、教练的个人信息，几乎没有冷场。

在电视体育解说历史上，真正让宋世雄声名鹊起且成为时代标志的是 1981—1986 年女排“五连冠”盛况时的解说。1981 年，在日本举行的第三届世界杯女排决赛中，中国队以 3:2 战胜日本，获得了第一个世界冠军。当时宋世雄以其庄重的解说风格振奋了一代中国人：

> ……比赛开始，日本队八号广赖发球，中国队现在把球接住，中国队在组织进攻，中国队现在扣球，日本队现在加强拦网，日本队把球现在接起来，日本队现在换四号位进攻，吊球。……
>
> 现在是中国队的陈招娣发球，她的腰疼得更厉害了，但她一声不吭地坚持着。陈招娣！有些人的青春是在花前月下度过的，而我们的青春是在流汗、疲劳、伤痛中度过，但是我们的青春没有白白流过，她曾为我们的祖国放射着光和

---

① 何丹．宋世雄：一个国家的体育声音 // 财经时报，2008－08－08.

热……

扣球，球打中了，15 平。现在中国队陈亚琼发球，日本队进攻，周晓兰拦网得分 16 比 15。中国队还是由陈亚琼来发球，日本队进攻。孙晋芳拦网得分，17 比 15。中国队以两分的优势取得了最后胜利，女排姑娘们抱在一起，流下了激动的眼泪。

宋世雄的解说是典型的播音腔，声音高亢有力，带着一种不容置疑的权威感。曾经的《中国足球报》总编杨迎明这样评价宋世雄的解说："宋世雄的声音非常励志，可以说对那一代人有教化功能。在 20 世纪 70 年代末、80 年代初的那段时间，整个国家和民族特别需要这样的一种情绪，压抑太长时间了。"① 在语言上，宋世雄的解说还保有书面语庄重、优美、严谨的风格，几乎不出错，也少有简单重复。上一段解说中对陈招娣的评价被许多人引为经典。

从 20 世纪 80 年代开始，孙正平和韩乔生两名央视解说员在宋世雄之后逐步被观众接受。他们被视为第二代电视体育解说员。这两位解说员实际比宋世雄更早进入央视，但一直被人们视为宋世雄之后的央视体育解说代表人物，他们在一定程度上延续了宋世雄的解说风格，带有播音腔、字正腔圆，能解说多种体育项目。如果说孙正平的解说具有沉稳的风格的话，韩乔生的解说则伴随时代转变发生了较大的变革。有学者认为韩乔生的解说风格是"意识流解说，不完全按照比赛场面进行评论，善于烘托比赛意境、渲染观众情绪，语言幽默，口误较多，大胆而又无厘头"。② 可以说，韩乔生的解说意味着播音式的语言风格正在向个性化的语言风格转变。

① 曾繁旭. 宋世雄：那一个时代的国家声音 // 南方人物周刊，2006 - 07 - 18.

② 吴迪. 电视体育解说研究——以 CCTV5 部分热点项目解说为例 // 体育文化导刊. 2012 (8)：140 - 143.

2002年，《恐韩：大话韩乔生》一书面世，“韩乔生经典语录”这一记录韩乔生解说口误和滑稽解说词的文本从此在互联网中广泛流传，成为一种语言流行现象。这本书的策划人詹爱宗在接受《新周刊》采访时表示：

> 我们只是记录一种存在。在当下，以语录的名义，针对某一个人的历时四五年之久的调侃运动成为中国互联网的一道独特风景，……为什么会有这样一个现象呢？我们无意深究和置评，我们只是记录，记录一种虚拟而真实的存在。[①]

遭到网民调侃的韩乔生一面从解说带中找错误，总结出错原因，一面开始有意识地延续这种“无厘头”式的趣味解说，形成了带着鲜明个性标签的解说风格。

1994年，黄健翔受聘于中央电视台体育部，从事体育节目的解说、主持工作。他被视为第三代电视体育解说风格的开创者。他对足球比赛的解说虽没有播音腔的激昂和字正腔圆，但语言流畅、专业性强、信息量大，且在理性中富于激情。20世纪末至2000年初，他被视为“新时代的体育解说”风格的代表人物，[②] 一度受到足球迷的热捧。黄健翔曾在接受采访时表示：

> 在2000年前，我其实就做了一件事情，就是以‘专业准确、情绪到位’这八个字来要求自己，同时也为我们体育解说员这个行业确立下了标准。[③]

黄健翔的解说语言风格个性化特征更为鲜明。这种个性化的解

① 胡赳赳．我们热爱韩乔生//新周刊．2004-09-01.

② 李升科．追求新时代的体育解说风格：记中央电视台体育节目主持人黄健翔//新闻战线．2000（3）：70.

③ 徐梅．黄健翔：我就是行业标准//南方人物周刊．2006-07-19.

说风格让观众感受到电视语言的多元化，但有时也难免带来负面影响。当个人的情感需求超出了理性诉求，当表达的欲望冲破了叙述的规则时，个性化的体育解说也容易走向偏激式的解说。如 2006 年黄健翔在解说德国世界杯意大利对澳大利亚的比赛临近结束时情绪失控的解说就引起了很大的争议，这说明在新闻报道领域即使采用个性化的语言也需要遵循新闻报道叙事的限制性。

电视体育解说风格的变迁从电视听觉语言的层面展现了电视体育报道的叙述风格演变。如今，电视体育报道叙事方式的多样性使此类报道的“对话体”叙述风格也呈现出多元化的表现状态。下面我们将结合电视体育报道中后期制作的体育新闻、专题类节目和体育纪录片，分析当代电视体育报道的对话体风格的具体表现。

5.2.2 仪式感与目击式的历史见证

电视体育报道“对话体”叙述风格的第一种表现形态是电视对体育媒介事件的报道。这类报道一般采用直播的方式，以跨时空的影像传真，多机位的镜头捕捉，带领观众参与媒介建构的仪式，产生目击历史的在场感。

1992 年，丹尼尔·戴扬（Daniel Dayan）和伊莱休·卡茨（Elihu Katz）出版了《媒介事件：历史的现场直播》一书，其中提及电视直播的历史事件——包括“竞赛”、“征服”和“加冕”，“为点子媒介展示其唤起广泛而同期的注意，以讲述一个始发的时事故事的独特潜能提供了一种新的叙事方式。这类事件为电视机架起了一道光环，改变了人们的收看经验”。[①] 书中将此类事件称为“媒介事件”，指出媒介事件不同于一般的重大新闻事件及突发事件，“在

① ［美］丹尼尔·戴扬，伊莱休·卡茨．媒介事件：历史的现场直播．麻争旗，译．北京广播学院出版社，2000：1.

一定意义上大众是被“邀请”来参加一种“仪式”、一种“文化表演”。[①] 在丹尼尔·戴扬和伊莱休·卡茨看来，电视是建构媒介事件的主要媒体，“这些事件的生产及其故事的讲述过程与电视艺术、新闻艺术及叙事艺术有一定的关系”。[②]

重大赛事的现场直播是电视建构的体育媒介事件的主体，其中又以奥林匹克运动会为最。自新中国重返奥林匹克运动会以来，四年一届的奥运会成为中国体育电视传播的盛大节日，各电视台纷纷打破报道常规，将大量报道从预定节目安排中转向奥运会直播或相关节目的播出。柯惠新、王兰柱研究2004年雅典奥运会后发现，奥运会开幕前后北京、上海、广州等10个城市的体育节目日播出时长比奥运会开幕前三个月要高出近18分钟。CCTV5被用作24小时奥运频道，从下午到次日凌晨安排直播，上午时段则是赛事重播。CCTV1、CCTV2以及新闻频道等央视其他频道也调整原有节目，协调播出奥运节目。媒体不遗余力的宣传和策划、轰炸式的报道，赋予奥运会宏大的历史意义，促使体育迷们投入对这类“媒介事件”的关注。据调查，奥运会成了当时广州人除“我自己的/我家庭的事情”之外最关注的话题。[③]

2012年11月18日，中国青岛籍帆船选手郭川驾驶“青岛号”帆船，在沿途不停靠、无后援、无供给的状况下，经过137多天的单人航行，于2013年4月5日早晨7点59分返回青岛，成为首个完成单人不间断环球航海的中国人，同时创造了国际帆联认可的40英尺级帆船单人不间断环球航海世界纪录，此前尚无人完成过该级别的环球航行。央视对于这场创纪录航行的报道即为电视媒体所建构

① ［美］丹尼尔·戴扬，伊莱休·卡茨．媒介事件：历史的现场直播．麻争旗，译．北京广播学院出版社，2000：3.

② 同上：18.

③ 柯惠新，王兰柱．媒介与奥运（雅典奥运篇）：一个传播效果的实证研究．中国传媒大学出版社，2006：115－116.

的“媒介事件”，无论在航行的起点、过程还是结束，媒体一直跟踪报道，CCTV5 在早上的“晨报”栏目和 CCTV5⁺频道“极限时刻”栏目分别进行持续的关注，节目中通过现场主持的解说和郭川本人从现场传回的视频达到消解空间的效果，让观众跟随“英雄”一起完成了一场仪式般的壮举。

对这场航行的报道符合丹尼尔·戴扬和伊莱休·卡茨所定义的“征服”脚本。在此类事件中，“电视台把大众请来见证一件几乎是不可能的事件，它突出的是只有非同一般的措施才能化解的僵局，强调任务的艰巨及风险的巨大——一切都采取一个开放式的悬念故事形式。”①

在郭川开启航行时，电视节目中的解说极力说明航行任务的艰巨性，这从主持人开场白中可见一斑：

> 单人帆船无动力、不间断环球是一项至今无人能完成的世界纪录，郭川此次挑战就是希望完成这一壮举。经过近两年的准备，今天上午，郭川将从青岛出发，挑战 40 英尺帆船航行的世界纪录。

《体育晨报》文章《郭川今日开启单人环球航行》的解说，突出了“至今无人能完成的世界纪录”、“壮举”等。

> 一提到环球航行，我觉得在我心中就是充满着惊险、刺激、而且具有着浪漫主义色彩的一项运动。但是如果是无停靠、无后援、无补给，在这样的三无条件下，那这项运动对我来讲就是寻死之旅。但是就有一个男人叫郭川，他就敢于对自己狠一点，近日他就从自己的家乡青岛出发，就是在这

① ［美］丹尼尔·戴扬，伊莱休·卡茨．媒介事件：历史的现场直播．麻争旗，译．北京广播学院出版社，2000：43.

样三无条件下展开了这样的环球航行，那么在这样的旅程中，他吃什么，喝什么，走什么样的路线，会遇到什么样的难题，最后会创造什么样的记录呢？一起来看一下。

“极限时刻”的《郭川开始创纪录环球航行》主持人在开场白中突出“三无”的恶劣条件，从对自身的调侃中反衬郭川航行的不易，并为后期叙述设置开放式的悬念故事形式。

这场冒险之旅中险情不断：2012 年 11 月 27 日，横风帆一个固定点的绳缆在与轮轴发生摩擦后突然断裂。12 月 27 日，大前帆突然发生破损，坠落水中。2013 年 2 月 25 日，舱内的柴油发电机出现故障。这些故事经过电视报道传递给观众，观众透过画面，可以清晰地看到处于艰难航行中的船长在海风下蓬乱的头发、缺乏睡眠而布满红血丝的眼睛、被突如其来的大雨淋湿的衣服，也可以看到帆船在或晴朗或阴霾的天空下、在或平静或汹涌的海面上漂浮的场景。

船长航行归来，媒体直播了这一过程，报道建构了一个“加冕”的故事。作为此次项目负责人在接受访谈时谈及自己看到郭川归来时潸然泪下，感叹：

太沧桑了，真的不敢认……所有的艰苦、所有的磨难（都写在脸上）。

郭川本人接受记者询问感觉时说：“回家真好。”

这位 48 岁的中年男人声音哽咽。画面中抵达青岛港的郭川在众人的欢呼中双手举火炬，跳上船头庆祝回到家乡，在对岸“爸爸”的喊声中，在人群的惊呼声中，他跳下海，游到岸上，双膝跪地，亲吻河堤，并打开香槟庆祝。

英雄凯旋，戴着花环的郭川在人群中演说：

……很难，没想到今天，确实没想到今天。真的很遥远，但是这遥远没有叫我失望，最终我还是回来了。我特别的自豪，作为一个中国人自豪，作为一个青岛人我更自豪。

在电视建构的媒介事件中，郭川是主演的英雄，而电视通过一系列声画结合的叙事手法，赋予这次航行以一种带有“中国梦”色彩的象征意义，使整个航行被叙述成为一个人的奇幻漂流，观众在这种叙事风格的主导下，以参与者和见证人的心态目击这场“征服”和“加冕”的仪式，被挑战自我极限的体育精神所征服。

5.2.3 取悦观众的娱乐与煽情叙事

电视体育报道“对话体”叙述风格的第二种表现形态是通过在节目后期制作中添加表演元素的叙事手段使节目呈现轻松幽默或者感人煽情的整体风格，以达到取悦观众的目的。CCTV5 的《天下足球》栏目制作的多期节目都代表了这种叙事风格。

《天下足球》创办于 2000 年 11 月 27 日，以报道国际足坛赛事和讲述国际足球故事为主要内容，是定位于提供信息集锦和娱乐享受的杂志型足球栏目。《天下足球》栏目以板块式节目构成，由《足球制造》、《TOP10》、《一周十佳进球》、《一周十佳扑救》、《绝对巨星》、《看球听歌》等多个不定期播出的节目板块集合而成。这个栏目具有两个显著特征：一是选取新颖、有趣的切入点对国际足球赛事进行盘点和分析，二是对足坛明星、名人退役、淡出足坛的经典怀旧报道。前者在叙事风格上以轻松幽默的盘点为表征，后者则采用煽情、怀旧的文艺风。两者的结合为这个节目赢得了大量的观众。

2009 年，《天下足球》推出了“疯狂的足球”专题，这期节目的娱乐叙事为栏目赢得了大量口碑。2011 年，该栏目又推出《演员的自我修养》上、下篇，大受观众好评。以《演员的自我修养》为例，该专题抓住了周星驰电影《喜剧之王》[①] 中的经典桥段，以电影中书籍的名字命名，且在节目开始处打出书中引语的字幕，节目中不断穿插周星驰在电影中的经典台词："其实我是一个演员"，这种对经典喜剧片的复刻显示出编导对这期节目达到类似的幽默风趣的叙事风格的期待。专题片中将足球场上善于表演的队员称为"演员"，把不同赛事中的具有表演嫌疑的镜头剪辑和拼接，配置以欢快的音乐，然后通过巧妙的配音加以连贯。这里配音的叙事风格极大地左右了节目的风格，因为画面本身并不连贯，片段式的画面缺乏背景，观众很难看懂编导想要表达的意思，而配音通过解说使节目叙事变得完整，帮助观众理解画面的所指，同时产生意义的关联和想象。以其中的一段内容为例，配音的脚本如下：

> 演员可是门学问，足球场上什么是演员？加戈就是演员，演员就是他轻轻摸你一下，你必须得应声倒地。潘德利奇是演员，演员有时候也需要打不还手，骂不还口。……
>
> 卡利亚里大将比安科为逃避手球竟然用鼻子和嘴把球解围出去，结果那戏没演好，吃了一嘴泥，也吃了一张红牌。……
>
> 打南边来个卡卡，打北边来了个凯塔，卡卡爱跳桑巴，凯塔来自科特迪瓦，卡卡帮了凯塔，凯塔立马倒下，裁判看见了凯塔倒在卡卡脚下立刻刷卡，也不知道是卡卡弄疼了凯塔，还是凯塔冤枉了卡卡，卡卡红牌罚下，凯塔说自己能得奥斯卡！

前两段在画面提供的素材基础上配音用调侃的语言适时点评，第三段在镜头的快速切换中以快语速的绕口令方式进行配音，它们

① 这部电影讲述了周星驰扮演的主角渴望成为一名演员，以《演员的自我修养》一书为教材、历经波折的故事。

与画面、音效的适时结合起到了丰富画面，表达叙述主题的作用。可以说，正是画面的剪辑、音效的搭配、解说词的设计、配音的效果四方面的有效结合才赋予这期节目以完整的娱乐叙事的风格。

《绝对巨星》是《天下足球》的另一个品牌版块，这个版块一般是对国际足坛的知名人物的球场内外表现所做的回顾性报道，节目往往以感性的方式梳理、追忆、缅怀、纪念一位足球人物的成长历程，在短短数分钟节目中浓缩人物的传奇足球生涯。节目善于运用不同风格的音乐与人物搭配，将与人物相关的历史资料画面进行故事化的剪辑，配以充满感情色彩和煽情效果的配音解说，使节目叙述风格颇具煽情效果。以下列举了数段来自该节目的配音脚本，可以看见虽然这些配音段落分别是对不同的"巨星"的诠释，但其叙述风格是相似和统一的。

> 那个曾经的追风少年，那个曾经的安菲尔德金童，那个曾经一战成名的英格兰新秀，那个曾经快如闪电的影子，那个曾经身披红袍打遍天下无敌手的英雄，那个曾经的金球奖得主，那个曾经的欧文，都将渐渐远去，滞留在我们每个人尘封的记忆中。
>
> 海布里的最后一站，海布里的最后一吻。当烟花升起的时刻，那个曾属于亨利的海布里国王时代不会随年华逝去，而只会随年华的飘零中常常记起。32 岁的亨利，就坐在那里，深情的目光望过去，都是自己 22 岁的影子。他是队长，他是领袖，他是传奇，他是射手，他是枪王之王
>
> 那个属于三剑客的年代，已经无法复制。虽已走过花期，整个大地却都保留着对他们惊艳的记忆。岁月终会流逝，年华终要老去，唯一不老的是一颗永怀激情的心。

此外，《天下足球》还通过对一位足球人物的持续关注来记录和

讲述人物的故事。从2006年开始，该栏目制作了四期节目记录贝克汉姆，分别是：2006年8月播出的时长18分钟的“贝克汉姆：十年”，2007年7月播出的长达109分钟的“贝影”，2010年3月播出的时长8分钟的“贝克汉姆·伤离别”，2013年7月播出的124分钟的“贝影大结局”上下篇。

图5-1　《天下足球》栏目为贝克汉姆专题节目所做的宣传片

四期节目以贝克汉姆的足球人生为主题，内容涵盖了其幼年、性格、爱情、家庭和遭遇的挫折等诸多方面，可以说，对人物的事业和生活做了全景式的剖析。节目中善于运用音乐烘托气氛，并采用带有伤感情绪的解说打动观众。以最后的“贝影大结局”为例。这段追忆以身着7号白色英格兰国家队球服的贝克汉姆的背影作为第一个画面，以美国女歌手凯莉·克莱森（Kelly Clarkson）的一首深情的《因为你》作为开场曲和背景音乐的主旋律，在结尾处用诗歌般的语言、排比式的句式结构抒情，使叙事的煽情效果达到顶峰：

> 最好的朋友加里·内维尔问他，
> 你希望如何被人们铭记，
> 他说，我只想让大家记住我是一个勤奋努力的球员。

是的，他只爱足球。
在他自己的定义里，
大卫·贝克汉姆单纯的只是一名球员，
而在我们的记忆里，
那个从莱顿斯顿到曼彻斯特的少年，
那个在赛尔赫斯特公园一战成名的小将，
那个从青葱92班到传奇7号的青年，
那个从弃儿到宠儿的男人，
那个从曼彻斯特到马德里的男人，
那个维多利亚的爱人，
那个四个孩子的父亲，
那个三狮军团的队长，
那个怀揣着美国梦的男人，
那个在巴黎告别足球的大卫·贝克汉姆。
这是一段多么色彩斑斓的足球生涯，
一个如此美丽动人的足球故事。
20余年，
时间从未停下，
记忆从未剥离，
贝影，
从未远去。

节目的声画结合带领观众不知不觉地进入一种对“巨星”的怀念和膜拜的氛围中难以自拔，这种怀念和膜拜并不仅是对偶像的崇拜，也是观众因节目打造的效果而产生的一种不由自主的“移情”现象，即对自我尚未到来的未来的憧憬或是对自身逝去青春的回味，无怪乎很多观众都在观看此类节目时禁不住流泪感慨。

5.2.4 交流感与吸引“你”探索的叙事

电视体育报道“对话体”叙事风格的第三种表现形态在体育专题片和纪录片中较为普遍，在这类叙事文本中，叙述者好像用摄像机带领着观众去发现和解读事件或人物，画外音、旁白或镜头内人物的叙述适时地引导叙事，观众似乎在和镜头内的人物或是某个藏匿于画面和语言之后的访问者交流，从而产生一种直接参与叙事的感受。

2001 年，一档以纪录片形式报道体育人、体育历史和体育故事的栏目《体育人间》在 CCTV5 开播。栏目创办人、有“大师”之称的师旭平在 2004 年央视体育频道一次会议上的发言表明了这个栏目与众不同的定位：

> 马约翰 1926 年在美国上学的时候写出的论文中有这样一句话，体育是培养一个优秀公民最有趣最有效最适当的方法。这就是《体育人间》这个节目的宗旨。体育是塑造人的，不是争金牌的，不是为国争光的，那都是体育狭隘的一面。体育频道在误导大家理解体育内涵这方面做得非常厉害，在我们的体育宣传里，在传播体育的过程中，除了《体育人间》还告诉大家什么是真正的体育以外，其他说的那都不是真正的体育，是金牌体育，是锦标体育，是政治体育或者是英雄体育。①

这档栏目以超出以往体育报道的视野，精致的画面和平实的解说，对体育文化的关注和表达创新了电视体育报道的类型，丰富了电视体育报道的内涵。至今，这档栏目依然是中国体育纪录栏目的翘楚。

《体育人间》每期栏目都在记录不同的体育故事，故事选题呈现

---

① 苗炜．CCTV5 十年纪实：五魁首．上海文艺出版社，2005.

四种倾向：

第一，现在或曾经的体育知名人物的体育人生，着重其不为媒体所曝光的赛场外的平凡处，使体育英雄平民化，如该栏目曾制作的奥运冠军专辑、共拍摄 87 人，118 集。

第二，对中国体育史上经典一刻的复刻，如《风雪磨人》系列对新中国成立以来的历次重大登山活动进行全面回顾，摄制组一路跟踪拍摄。以其中的《重回贡嘎山》为例。该片是为了纪念 1957 年中国人第一次独立组队攀登 7500 米以上高峰的壮举，再登贡嘎山，还原当时的历史。

第三，对草根体育人追寻体育梦想的记录。2003 年播出的 20 集系列纪录片《今风细雨江湖》，是节目组走访 40 多个省市地区，采访和跟踪拍摄 50 多个武术基层组织及习武者，历经 500 多个日夜的创作而成的，对中国武术文化的真实一面的记录。曾获得 2005 年第 23 届米兰国际体育电影电视节的体育与社会类节目最高奖——“金花环奖”的《我的爸爸》，讲述黑龙江一个偏远小镇里父亲为锻炼和磨砺 7 岁儿子的身体和心灵，培养儿子从事跳水运动，在自家小院开辟训练场，四处拜师学艺却无功而返的故事。

第四，记录新兴的体育领域中人们的开拓与创新之举。2013 年 7 月播出的《你不知道的婴儿体育》，记录了一位在中国开设亲子游泳课的年轻体育人的故事。画面中憨态可掬的小婴儿们在水中潜水的镜头充满温情，配以欢快的音乐，让观众感受体育也能给小婴儿带来乐趣。

虽然叙事的主题不尽相同，但是总体上看，栏目的叙事风格是统一的，即通过视觉和听觉语言的引导，带领观众去做体育的探索。为了说明这种叙述风格，我们不妨以该栏目中最突出的第三类主题为例，选取获第 29 届米兰国际体育电影电视节“电视节目与新媒体单元桂冠奖”的《我们的江湖》作为个案，将它的叙事序列、事件及其呈现形式、对其的叙事解读列表进行具体的分析。

表 5-1 《体育人间》栏目纪录片《我们的江湖》的叙事分析

叙事序列	事件及其呈现形式	分析概要
交代故事的主题“江湖”，引出故事背景和主人公。	（演播室）主持人：“四川成都的西北有一座青城山，那是一座道家名山，众多的武侠小说里也提到过这座山的名字。生活在山脚下的人们恐怕自然就会被激发起江湖梦想，为所谓的正宗和掌门在江湖上奔走。但是更多的人选择了在麻将桌前，在茶馆里过着一种安逸的生活。江湖可以远观，不可以近玩。但是，也有人就生活在江湖中，以江湖为家，在江湖中搏命。不管他们心中的江湖梦包括辛酸还是包括雄起。”	开门见山，从叙述者外聚焦的视角介绍故事发生地的历史背景，反复提及“江湖”这一与主题密切相关的关键词，为将要叙述的故事做铺垫。
	镜头切换：在缓缓响起的古乐声中，画面出现青城山的树林，一位身着白衣装束的中年女子正在弹奏古琴。	白衣、古琴、树林，这些经典的武侠片中的镜头唤起观众对江湖的想像。
	一张蓄须的男性面孔逐步清晰地出现在镜头前，男子独白：“小时候丁点大，街坊邻居都说我傻乎乎的，像傻子一样，跟我妈说：你要把你这个老二带到疯人医院检查一下。我妈说，什么啊，什么他傻乎乎的。他只不过喜欢武术，不是像你们说的傻乎乎的。你们可能不了解他，我们觉得他是很正常的。那个时候岁数小，丁点儿大，三岁，就喜欢武术。练武练下来吃不饱，家里比较贫穷，就煮点稀饭。有时候饿得恼火，就跟我妈老发脾气，尽在吃稀	看似缓慢、絮叨的口述实际是通过故事主人公的内聚焦视角叙述一个旁人眼中的“傻瓜”的“江湖梦”，勾起观众对是否圆梦的悬念。

续表

叙事序列	事件及其呈现形式	分析概要
	饭，我要吃干饭，不能吃稀饭。肚皮太饿了。我妈说，钱只有那么两个钱，你要吃什么干饭、稀饭，有稀饭吃就不错了。那时候练武练起了兴趣，越练越想练，到十四五岁的时候就觉得自己还可以，就有梦想：长大了，自己有能力了，就开个武馆，开个武馆来教人。……”	
	镜头切换：字幕“我们的江湖”出现。	站在主人公视角所起的标题体现出一种倾听和客观呈现的平视态度。
描述故事发生的关键场所武馆。武馆也是承载主人公的江湖梦想的地方。	一段武术表演的镜头：一群人表演徒手劈砖、胸口碎大石等功夫。	功夫镜头使叙事自然过渡到主题
	镜头切换到都江堰市一座建筑前。 画外音解说：“在距离青城山不远的都江堰，有这样一座武馆，主人叫何道君，他1963年三八妇女节那天出生在成都市的一个工人家庭。家中三个兄弟中他排行老二，何道君少年时的梦想终于实现了，建起了这座青城道君精武馆。”	建立武馆的叙述是对之前叙述的少年梦想的回应。
	同期声：“拜师仪式现在开始……” 画面中数名少年向何道君和其夫人三叩首拜师，何道君向他们宣读师训：“希望你们要刻苦训练、认真训练，要尊师重道、孝敬父母、报效祖国，希望你们在训练中互相帮助学习，要练武、不怕苦，要练功、不放松。”	拜师的仪式化让人感受到江湖自有其规则。

续表

叙事序列	事件及其呈现形式	分析概要
	武馆弟子分别练习各种兵器和拳法的场景。	结束镜头定格在近景蜘蛛网，远景练习的场景，视角的独特性似乎表达了一种江湖既近且远的距离感。
	镜头切换到何道君站立在武馆前的定格画面。 画外音解说："武馆面积不大，环境幽静别致，是何道君一手打造的，为了这家武馆，他付出了近三十年的精力。"	画外音提示过渡到主人公的江湖故事。
讲述何道君的练功历史：以现在的练习情节穿插何道君的自述回忆。	镜头：何道君在丛林中撞树练功。 画外音解说："自从何道君懂事起，就渴望拥有一身超人的功夫。小时候家里穷，买不起各种器械，他就用身体各个部位撞击一切可以撞击的东西。这个习惯到现在也没有改。"	看似滑稽的练功方式后面隐含故事。
	何道君讲述小时练功撞树被人视为疯子的故事。	遭人冷遇的故事可被视为江湖成长受到的考验。
	镜头：武馆某房间内何道君坐着练功。 画外音解说："何道君在武馆顶层专门盖了一个修习内功的房间，每天凌晨3点起来练功。"	从鱼缸中游动的金鱼影像中透视何练功的背影，特别的视角再次带给人虚幻般的神秘感。

续表

叙事序列	事件及其呈现形式	分析概要
	何道君讲述曾经的曲折求师历程，最终是拜青城山道家为师，成为道家皈依弟子。	拜师的艰辛也是江湖梦实现的考验。
记录武馆的生活，叙述何道君在建武馆前从事的职业和卖艺经历。	镜头：清晨，武馆弟子练早功情景。 画外音解说：“这些孩子要牢记何道君的师训。” 画面中弟子集体背诵师训：“尊师重道、尊敬父母、奉公守法、热爱祖国、强身健体、弘扬武术、青城武术、走向世界。要练功、不放松，要练武、不怕苦。” 练完早功后弟子集体去上学。	再次重申师训，师训也是何道君武术观的表达。
	画外音解说：“何道君开始一天生活，先收拾武馆后练功。其自创了一套独特的练习方法，并有自己独创的器械。” 画面：何道君练功场景。	自创的练法看似滑稽，却展示了人物对武术的自我追求。
	画外音解说：何道君在建起武馆之前，很长时间在四川各地的街头卖艺为生，表演武术硬功。何道君的徒弟特地提醒我们，有人表演钢枪刺喉，枪杆是软木做成的、弯曲的，而何道君现在用的枪又硬又直，力量无法分散。” 画面：何道君表演钢枪刺喉，顶着枪头推动汽车。	令人咋舌的表演，徒弟的提醒塑造了一个武功高手的形象。
	何道君讲述过去的卖艺经历。曾被本地人视为丢人现眼，也曾遭人羞辱。“我就感受人生虽然很艰难，很艰辛，受很多委屈，他那一瞬间给了我做人的那种委屈，但他又给了我力量，我一定要走出来，一	曾经遭受白眼的卖艺经历作为江湖梦的考验，激励了主人公的斗志。

续表

叙事序列	事件及其呈现形式	分析概要
	定要在这个武功里走出来。” 资料镜头：何道君曾经卖艺的场景。	
	画外音解说：“何道君有时会亲自下厨为弟子们做饭。”讲述何道君曾做过厨师的一段经历。 画面：何道君做饭和众人吃饭。	厨师经历解释了主人公和社会之间的联系与隔断。
从鲜宗丽的视角讲述夫妻二人开武馆的艰辛，遭遇家庭变故的磨难和最终的重出武林。	画面：一女子耍大刀的情景。 画外音介绍：画面中女子为何道君夫人鲜宗丽，出身于成都市武术世家，从小习武，成名后被称作“女金刚”。	同样精通武艺的夫人形象使主人公更具传奇色彩。
	画面：鲜宗丽讲述如何与何道君不打不相识的故事。	不打不相识是武侠片中的经典桥段。
	画面：何道君和鲜宗丽夫妻切磋练习武艺，穿插鲜宗丽讲述镜头和卖艺的资料镜头。 画外音介绍：鲜宗丽讲述如何与何道君确立恋爱关系，共同在街头卖艺，偷领结婚证，经济拮据中省吃俭用建武馆圆两人江湖梦想，甚至为了节省路费每天自行车往返成都市和都江堰市的往事。	从一个人的努力变成两个人的梦想，艰辛的过程让人动容。
	镜头切换到日常生活场景：鲜宗丽用缝纫机做衣服，何道君精心养护武馆的花草树木。 画外音解说：“两人生活中一直延续着简朴的作风。”	江湖人的生活也是平淡如水。
	画外音介绍：一直伴随何道君夫妇的两位弟子。 画面：男弟子练功，女弟子教学生练晚功	两位弟子的追随象征着武术精神与文化的传承。

续表

叙事序列	事件及其呈现形式	分析概要
	画面：夫妻二人送小女儿读书的情景。 画外音介绍：小女儿不学武术，备受宠爱。	对小女儿的宠爱让人看到如普通人一样的江湖人。
	画面：夫妻二人探望大女儿的情景。 鲜宗丽讲述大女儿小时遭遇车祸抢救后7个月苏醒的往事。 画面：出席查拳门收徒仪式，并在仪式上表演的情景。 鲜宗丽讲述用7年时间照顾大女儿，小女儿出生后重出江湖，参加武林活动的故事。	遭遇大女儿车祸打击的夫妻经历如同一个遭受打击的普通夫妻所表现的一样痛苦、伤心和无助。
结尾：对主题的回归。	画面：何道君上青城山祭拜三个月前去世的师傅，并在与师兄的对话中表达要“把道家功夫和道家文化传扬出去”的想法。	借主人公的说法表达对武术文化在中国传承的期待。
	镜头切换到何道君端坐武馆前，画面中逐步出现鲜宗丽、两位年长的追随左右的弟子，一群年幼的弟子。画面定格在武馆全家福中。 何道君独白：“从小街坊邻居也好，同学也好，亲戚朋友都说我傻乎乎的，从小憨厚、老好，就只晓得一个愿望就是练武，就不管人家怎么看我，怎么说我。瓜不瓜也好，聪不聪明我都不管，我只晓得该怎么练我怎么练，一年复一年地，这样子去练，这样子去做。我现在长大了，懂事过后，我觉得我并不傻，我还开了一个像模像样的武馆。我觉得人们还认可我这个，其实他们不理解我	呼应开头的主人公独白，表达江湖人对梦想的追寻，对传承武术文化的追求。最后从一个到一群并定格的全家福画面隐含着寓意：追寻武术梦想的道路并不孤单，会有一代代人将这种中国传统文化传承下去。

续表

叙事序列	事件及其呈现形式	分析概要
	一直在追求我的武术的梦想，追求武术的一种真理。一路走到今天。” 古琴声作为背景乐伴奏。	
	（演播室）主持人：“在我们体育人间的微博里我们曾经想象过什么是江湖，我们想像江湖烟波浩渺，但是它给我们的可能是一洼浅水，我们想象江湖凶险，它显露出的倒可能是一丝滑稽，我们想象江湖奇诡，它没准露出的是一丝凄凉，当我们弃江湖而去的时候，江湖反倒漏出一丝难得的温暖。我们每个人都很难和江湖一刀两断，下周同一时间，我们继续为您讲述武林江湖的故事。”	点明主题：真正的江湖并不是我们想象中的模样，也不是遗世而独立的。江湖因为一群怀揣武林梦想的人的存在和聚集而带有温度。

从上述分析中可见这类叙述风格以如下的方式呈现：

第一，叙事过程中较多采用主人公内聚焦的视角，让拍摄对象以自述或独白的方式直接叙述故事，全程不出现记者的身影，拍摄者和采访者是完全处于镜头之外的旁观人，以塑造一种叙事是对事实的真实还原的观感。

第二，作为主创人员主要以两种可见的形式出现，其一是画外音对故事过渡和连贯性的穿针引线，画外音的内容基本是叙述，没有评价和抒情；其二是主持人演播室的评点，主要出现在节目开头和结尾处，其功能是通过适当的评价点题、阐释意义、引发思考，而非抒发个人情感。

第三，主创人员主要采用叙事时间安排上的技巧和镜头的切换，将事件阐释的时间按照欲阐述的主题进行逻辑的梳理和巧妙的设计，让观众在今昔不断穿插对比的事件中看到一个完整的娓娓道来的故事，在观众的自述和看似不经意的旁白中体验探索故事的感受。

虽然这种叙事风格不如解说员现场解说那样激情洋溢，个性十足，也没有《天下足球》中那样煽情和富有诗意，但是它平实之中带着温情，平淡之中蕴含哲理，带给观众一种不同的交流感。

5.3 包容与混杂：网络体育报道的叙事乱象

中国的网络体育传媒产生于20世纪90年代，直到近年网络体育传媒才真正在体育报道市场中占据重要的地位。因此，对网络体育报道叙述风格的研究主要是考察其当下特征，而不是分析其风格的历史演变。

网络体育报道叙述风格的形成得益于网络的新媒体特性。这种新型的媒体特性促使报道的媒介语境发生了变化。中国最早从事互联网和新媒体研究的学者胡泳对此做了这样的评价："旧媒体使用两分法把世界划分为生产者和消费者两大阵营，我们不是作者就是读者，不是广播者就是观看/收听者，不是表演者就是欣赏者，这是一种一对多的传播。而新媒体与此相反，是一种多对多的传播。它使每个人不仅有听的机会，而且有说的条件。换言之，新媒体实现了前所未有的互动性，旧媒体经常招致批评的权力欲和大众的距离感都不复存在。"① 媒体和受众地位的变化以及生产者和消费者角色的演变与互换，这使旧媒体的叙述权威在互联网的语境中被消解，职业的新闻报道者和非职业网民在同一个空间写作，这使网络体育报道对各种叙事风格的文本具有很强的包容性，因而呈现出不同叙事风格文本混杂的叙事乱象。下面将针对网络体育报道主体的差异，

① 胡泳．众声喧哗：网络时代的个人表达与公众讨论．广西师范大学出版社，2008：85.

分别讨论两种叙事文本所具有的叙事风格。网络体育报道的兴起以普通网民的叙事文本的传播为起点，本章第一节将分析这类叙事文本的风格。相应地，本章的后两节是对网络中职业新闻报道者之文本的叙事风格的研究。

5.3.1 倾诉个人体验的“宣泄体”

网络体育报道诞生于早期商业网站的网络体育论坛，一些非职业网民根据自己收集的赛事信息撰写帖子上传到这些论坛，以帮助其他网民更快地获取赛事的过程与结果，这种报道形态直到现在依然存在。

曾任四通利方网站体育沙龙版主的陈彤谈及网络体育报道时表示，他最初的做法就是将电视播放的比分通过帖子的形式输入体育沙龙。当他发现这种更新的方式太慢之后，就通过各种手段和各赛区的网民联系，建立各地的通讯员网络收集比赛信息。这种方法逐渐带动了不少网民加入报道的行列。[①]

撰写帖子的网民大多是一些没有受过新闻专业培训的非职业人员，他们写作和发布这些帖子主要出自个人爱好，因此，这类报道排除了职业新闻写作的规范，在叙述中体现出与职业写作不同的旨趣。从叙事风格的角度看，此类报道是一种倾诉个人体验的“宣泄体”，它的叙事态度是开放性的、交流式的，叙述中多采用固定式内聚焦的方式，以个人的视角叙述赛事，常在叙述中融入自我的抒情、分析和评价，语言较为生动。我们选择在网络体育报道发展史中具有里程碑意义的一篇网帖进行分析。

1997 年 10 月 31 日，中国队在主场大连金州参加世界杯亚洲十强赛时败给对手，又一次丧失进军世界杯的可能。当时四通利方体

---

① 陈彤，曾祥雪．新浪之道：门户网站新闻频道的运营．福建人民出版社，2005：14－17.

育沙龙中出现了一篇网民写作的帖子《10·31：大连金州没有眼泪》，叙述了父子在赛场看球的故事。这个帖子在48小时内就被阅读了两万次。两周后，《南方周末》用一个整版刊登了这篇文章，因为原文较长，我们选择其中的三个段落进行分析：

我9岁的儿子是这样的痴迷足球，从不错过“十强赛”的每一场电视，对积分表倒背如流。他不知多少次要求去球场看一次“真的”足球。

开赛前一个小时，场上就出现了火爆的场面。先是一个自称“小地主”的锦州球迷不知怎么溜下了把守严密的跑道，展开一幅巨大的“精忠报国”的条幅绕场一周；接着一群脸上涂着国旗的天津汉子展开了一面有一个看台那么巨大的国旗也绕场一周。

我们是最后走出这个看台的，身后是几十位军警的人墙，马上堵住了入口，防止人们回冲。那位好心的警察看外面一片混乱，担心我们这外乡的孩子，一直送我们到停车处。经过主看台时，见上万人死死堵住出口，“戚务生，出来！”的喊声惊天动地。这时，天真的儿子竟然还对我说：“我们也等一会，他们出来时我让海东签个名。”我的泪水终于夺眶而出！

第一段是叙述的开端。这篇叙事文本采用第一人称的固定式内聚焦的叙述者—聚焦方式，从介绍“我”的儿子对足球的痴迷开始引出叙述的主题是有关一个看球的故事。首先，鉴于网络传播的时效性很强，网络叙事文本也需要与当下发生的最新的体育赛事相关，这篇叙事文本虽然没有直接以事件引入，但显然作者选择发布文本的平台前已经做了这样的情境预设：即阅读文本的人必然是关注和了解这场比赛的。这说明此类网络体育报道基于一种特别的传播语境，它是在一群志同道合者中的人际传播文本。其次，采用叙述者—聚焦方式可以增强报道给人的真实感，亲子关系的话题具有人情味，这些都表明这篇叙事文本的目的在于叙述完全个人化的经历和宣泄个人情绪。最后，以“儿子”的痴迷看球为事件的开端是为与后面观赛失败的失落形成鲜明的反差，以先扬后抑的方式唤起读者的共鸣。

第二段叙述了“我”看到的赛场景象，集中地刻画了两名球迷——锦州球迷和天津汉子的形象。“自称小地主”“不知怎么溜下了”“脸上涂着国旗”“展开了一面有一个看台那么巨大的国旗”等对球迷外表和行动的描绘，用语通俗、生动。而以“我”的视角看到的赛场带给读者更加真实的在场感。

第三段叙述了赛后退场的故事。赛后球迷的愤怒失望与“儿子”的天真的对比，体现了叙述者对中国足球爱恨交织的复杂情绪。最后，“我”的泪水夺眶而出也使前面叙事中堆积的情感得到了最后的宣泄。

可以想见，这种倾诉个人体验的“宣泄体”叙述与专业新闻报道形成了互补，给看惯媒体报道的人带来了一种新的体验，

5.3.2　非线性叙事结构下的开放型叙事

有学者认为，“非线性叙事”是网络叙事的主要特性之一。大多数人一般接触的叙事都是讲述故事因果关系，以时间序列展开，叙事体现出线性线索。而“在后现代主义者眼里，线性叙事是一种强制叙事，因为事物根本上不存在这样一种线性的因果关系，这种关系是人类理性幻化的结果，是一种有目的的政治手段”。基于新媒体发展而来的超文本写作使非线性叙事在网络写作中更为普遍，依靠超文本所搭建的复杂的文本结构呈现出不同于线性叙事的阅读特色——“允许读者透过多重选择建构自己的文本与意义，这些可能的叙事路径与意义

有时是连作者或程序设计者都无法掌握的。”① 在网络体育报道中这种非线性叙事结构如何呈现？我们以 2014 年 1 月 25 日火箭队和灰熊队赛后新浪体育与搜狐体育的相关报道为例（见表 5－2）。

表 5－2　两家网站对 2014 年 1 月 25 日 NBA 火箭对灰熊赛后的报道

	新浪	搜狐
头条	哈登 11 中 2 火箭负灰熊	帕森斯 34 分，10 远投破 5 纪录，书豪 9 分火箭负。
数据、视频等比赛资料	（1）灰熊火箭轮播，全场五佳球，帕森斯半场 10 个三分球。 （2）火箭尴尬生死球，火箭单节 8 记。 （3）林书豪集锦。	比赛数据 投篮点 直播实录 调查 网友评论：帕森斯在思考人生吗？
新闻	（1）半场 10 个三分球，连秒旧记录，帕森斯高唱篮筐像海洋。 （2）落选全明星首发魔兽欲为中锋争口气：我目标总冠军。 （3）前所未见！火箭一哥不投了 13 助攻 1 失误这是哈登吗?! （4）麦帅：最后一球猜到灰熊夹帕森斯，输在魔兽犯规多。 （5）火箭传奇：16 天纪录 1 天破。帕森斯：投麻了这感觉真棒。	（1）访谈：麦帅详解火箭失掉绝杀内幕，批火箭仅赞扬帕森斯。 帕森斯：纪录夜惜败令人失望，遗憾落选美国男篮。 （2）人物：帕帅 10 个三分创 5 纪录，最后一攻思考人生误战机。 （3）表现：书豪舍身抱球炸碉堡，哈登 18% 命中率战灰熊最低。 魔兽受困双熊徒砍两双，缺得分手段连累火箭进攻。 贝弗利 11 投 10 铁低迷到家，魔兽和小球迷斗牛。

① 聂庆璞．网络叙事学．中国文联出版社，2004：106，109.

这两家网站的报道从外在形态上看都呈现伞形架构。头条类似于一个概述报道，紧跟其后的是数据、视频等还原比赛现场的资料，然后才是基于比赛细节的相关报道。尽管如此，它并没有一个清晰的逻辑顺序或时序差别，没有一个给读者设计的阅读路径。换句话说，所有的报道以超文本的方式链接，形成了一个关于赛事的数据库，网民在阅读比赛报道时可以通过标题选择任何关注的入口和路径，也可抛弃不感兴趣的文章。网民可以从头开始点击，也可以从任意一处进入。同时，对这场赛事输赢原因的核心信息的诠释出现更加多元的组合，摆脱了线性叙事强加的话语逻辑，非线性叙事结构下对事件因果关系的诠释让位于对事件发展过程精彩瞬间和多种可能的展现。纠结于火箭为何落败的读者可以从各种不同的角度去寻找答案，也能从报道中找到蛛丝马迹：是主帅战术布置的失误？是主将发挥失常？是对手防守强悍？……

这种非线性叙事结构在一定程度上避免了传统体育报道线性叙事的弊端，对比赛信息进行了多维度的开发，使不同体育欣赏级别的网民各取所需，迎合了网络文化中多元、包容的特点，可将之视为开放型的叙事风格。

5.3.3 迎合男权文化的情色叙事

在网络体育报道中，情色叙事也是一种不容忽视的叙述风格。2013 年《人物》杂志 9 月号刊登了《驰哥威武》一文，介绍了新浪英超足球编辑陈驰，在互联网中引起不小的反响。在百度百科中定义“陈驰”是“当代中国最著名的意淫体作家”。在《驰哥威武》文中提及陈驰如何走向所谓“意淫体”的道路：

> 从被认为只具备“小学生作文水平”的新浪体育通讯员，到网友口中的“体坛花边文豪”，陈驰只花了 1 年时间，“从小学生到万众瞩目”。

2010年1月底，英格兰足坛爆发“友妻门”，引发了花边新闻流量爆棚，陈驰的责任编辑开始重新审视花边的重要性，决定让当时还是通讯员的陈驰等人“全面发展”。这是陈驰加入花边新闻写手行列的大背景。

最开始，陈驰和其他写手一样只是“平庸地翻译、编译外稿”。某天，编辑提醒他，“没有必要照翻”。陈驰学习了已经“封笔”的前辈金刚的作品，得到的启示是：原来可以这么肆意发挥。金刚为球员的女人们作了不少七言绝句，陈驰找到了与此不同的风格。……

陈驰的作品既颇为香艳，又不出格越界。标题要露骨，得“有胸有乳”，才有人点击。但在正经行文时，他较少使用粗俗词汇，而“重在写意境”。

这位以言情小说、论坛八卦长帖、电影中的激情镜头作为创作源，用文档专门做摘抄借鉴的“勤奋”作者，写作了大量充满情色味的“花边新闻”。甚至有网民整理了其写的花边新闻做成《陈驰文选》，在互联网中流传。

“陈驰现象”已经成为网络体育报道中的独特景观。网民对类似报道体现出截然相反的态度。一些网民将其尊称为“驰哥”“教主”，甚至有人发出“新浪只此一人可入吾法眼，余者皆碌碌之辈”的感叹；另一些网民则直呼这样的报道就是色情小说，内容低俗，应该取缔。虽然网民褒贬不一，但类似陈驰这样的体育编辑已经在网络体育报道中存在多年且形成了一个梯队，陈驰的“前辈”金刚和苗军也曾颇受网民关注。对此类叙事风格的作品作简单的价值判断缺乏现实意义，思考这种叙事风格在网络中流行背后的深层原因更有助于理解网络体育报道叙事风格的包容性和混杂性。

首先，体育报道的情色叙事是现代体育受到商业主义影响后体育娱乐化的一种极端表现，而它在网络体育报道中尤其常见。正如

《新世纪周刊》所评价的：

> 对于商业气息日益浓厚的现代体育来说，“更快、更高、更强”已经吸引不来足够的关注了，如同 NBA 携手好莱坞、英超结合三版女郎、网球女星穿皮裙走 T 台一样，体育娱乐化尤其是情色化的脚步正以风卷残云的速度席卷全球，不少体育记者已习惯用娱乐狗仔的精神，将体育场放大到衣食住行的每一个角落。①

情色已是构成现代体育运动中的一个难以忽略的因素，情色叙事自然成为现代体育传媒的一种必要的竞争手段。

其次，体育报道的情色叙事和体育领域、互联网领域中的男权文化叠加效应息息相关。在崇尚人类身体、肌肉和力量之美的体育圈，男权文化有着悠久的历史。利奇德的研究发现：“古希腊人不允许女人进入他们的体操馆和体育场。换言之，任何女性都不得涉足那些专门用来对男子进行教育的场所——甚至在那些全国性节日的大型运动会上，女人也不得作为观众前往参加。”② 古代奥林匹克运动的历史是一段男性主导的历史。现代奥林匹克之父顾拜旦一贯坚持“非女性化”原则，认为奥运会是男人的世界，女性应该被驱逐出赛场。现代奥运会举办初期，女性只被允许参与少量具有展现女性气质的表演、消遣项目，如网球、体操、游泳等。女性被作为“观赏者”和“被观赏者”，在体育运动中长期处于从属于男性的地位，这是在社会上占主导的男权文化在体育领域的延伸。进入 21 世纪，虽然女权主义的运动在争取女性权利角度已经收益颇丰，但在体育这个崇尚生理天赋的领域，男权文化的影响仍然随处可见。比如一场精彩激烈的男子篮球比赛间隙，总会安排一些赏心悦目的篮

---

① 钱康. 体育：无情的情色化 // 新世纪周刊. 2006－06－09.

② ［德］利奇德. 古希腊风化史. 常鸣，译. 辽宁教育出版社，2000：99.

球宝贝们身着性感的服饰在赛场热舞表演，因为人们普遍认为，体育的受众群以男性为主，而设计一些女性表演环节是为了在比赛间隙保持男性观众的持续注意。另一方面，在互联网领域，虽然因网民的匿名参与使性别角色相比现实社会更为模糊，但是现实社会男女角色的陈规还是通过各种或隐晦或显露的网络表达不断强化。在男性网民占据主导的体育报道领域，强化男权文化的情色叙事的存在也就不足为奇了。

最后，从互联网传媒的发展看，网络媒体的构成多种多样，既有隶属传统媒体发展而来的新闻网站，也有商业机构建立的新闻网站，后者一般以企业运营的模式管理，其新闻报道的产品属性更胜过媒体属性，因而会更多地从商业价值考量内容生产和行业竞争。同时，网络报道和传统媒体的报道对受众影响方式不同，“传统媒体的言论表达具有一种‘主动侵入性’，受众是被动接受和随时随地受影响，而互联网不具侵犯性，网上信息和正在进行的信息交换不会自动侵入个人生活空间。”①网络的海量存储使信息很容易“潜藏”和“埋没”，不容易受到普遍的关注。反过来看，受众对不同媒体的信息接受期待也不尽相同。因而，设想同样一篇情色化的体育报道在传统媒体和网络媒体上刊发，其带来的社会反响一定具很大差异。这或许也是为什么此类报道能够出现在新媒体中，而不是在传统媒体中大量涌现的原因之一。

从对体育报道叙事风格时代变迁的审视中我们发现，从印刷媒介的诉诸视觉到电子媒介的视听结合，再到新媒体带来的多媒体的信息表达，媒介形态的更新使体育报道的叙事风格呈现更为多样化的状态，而不同风格的叙事作品其面向的受众也千差万别。同时，

① 胡泳．中国政府对互联网的管制 // ［台湾］新闻学研究，2010－04.

处于不同时代的体育传媒报道的叙事文本在叙事风格中带有更多时代的烙印。无论是把曾经的叙事风格放到当下回味，还是设想将当下盛行的叙事风格放到历史中考量，都让人心生“违和感”。

第 6 章　六十六年中国体育的媒介镜像

1949—2015 的六十六年中，中国体育的发展经历了摆脱“东亚病夫”的称号、怀抱强国梦想的年代，也经历了“举国体制”的兴起和强化、以体育振兴中华的年代。中国体育在全球的地位已今非昔比，体育也不再只是一国的梦想，它成为很多人追求的生活态度，甚至成为一种生活的时尚。

在这六十六年中，体育已经成为当今传媒业吸引受众的重要内容。无论是赛事过程的精彩纷呈和跌宕起伏，还是赛事结果的难以预测和扣人心弦，体育本身蕴涵的无限可能性和挑战人类极限的魅力使之成为具有“魔力”的社会文化现象，让爱好者趋之若鹜，难以割舍。

在这六十六年中，中国体育的媒介镜像如何在历史中变迁？中国媒体新闻话语变迁体现出体育报道领域中怎样的话语权力机制的变化？

6.1　在传媒和社会的互动关系中厘清体育新闻史

体育报道作为一种叙事文本，是在选择、报道和传播体育事实的基础上对体育进行意义建构。从社会学的角度看，对体育报道的历史研究应该将之放置于社会传播的系统中，梳理社会政治、经济、文化等诸多话语权力角力下的体育报道变迁。只有这样，才能从体育、传媒和社会的互动关系中厘清体育报道的历史脉络。

具体来说，在中国体育的发展进程中，体育传媒在社会政治、文化语境的变迁中如何报道体育？

在中国体育发展的历史中，体育传媒报道体育的变化源自其对自身社会角色定位的认知。早期的体育传媒是意识形态宣传工具，文革后体育传媒将自己视为新闻传播工具。在体育职业化、产业化发展过程中，商业和政治力量交织影响体育传媒。互联网兴起后，体育自媒体开始涌现。不同的传媒角色认知使体育传媒在不同的社会政治、文化语境中运用的叙述话语不尽相同，这些叙述话语的变化集中体现在四个方面：

第一，从体育报道叙述者和聚焦方式的角度看，新中国成立后至改革开放之前，叙述者对叙事的干预较多，聚焦方式单一，体育报道叙事的政治说教意图明显。20 世纪 80 年代市场化体育传媒的兴起使体育传媒将传播信息作为主要职能，以营造客观叙述效果和“揭秘式”效果的叙述者—聚焦者模式出现。电视和网络体育报道的叙述者构成更加复杂，多重式内聚焦等聚焦方式的出现丰富了体育报道的叙述方式。而在互联网塑造的流空间中，众人书写的体育报道提供了更加多元的叙述和聚焦方式。

第二，从体育报道的人物类型和人物刻画角度看，处于不同历史时段的体育传媒依靠对人物类型的选择和刻画来塑造适合当时语境的“理想”的体育人物。无论是脸谱化的、单一个性的人物，还是革命语境中成长的“英雄”，抑或是举国体制中树立的“典型”，这些人物都属于叙事文本中的功能型存在，在叙事中刻画类似的人物形象是服务于传媒在当时所处历史环境中的体育宣传的需要，当代体育报道中的人物类型从上述功能型人物向具有特性的人物转变，开始更多地聚焦于“明星”和“追梦人”，其人物刻画的方式也相应地更加多样化。

第三，从体育报道的叙事主题的角度看，其变化说明体育报道的内涵和外延在时代的变迁中不断拓展，体育报道的叙事主题由最初的政治话语主导，转变为专业话语、商业话语、文化和娱乐话语并存。

第四，从体育报道的叙事风格看，体育传媒演进的历史使体育报道从早期的封闭式叙事转向更加开放和交流式的叙事。媒体形态的多元化，使体育报道的叙事风格也更加丰富多样。

6.2 从建构到解构：体育报道话语变迁背后的意义解读

经典叙事学研究倡导研究叙事文本的素材内容和表达形式，但专注作品的结构分析，研究难免走向封闭。而后经典叙事学者倡导将研究转入叙事文的意义研究，从读者对文本再建构的角度研究叙事，将之视为开放的动态的意义生产过程。如果说叙述者以文本建构意义，读者从不同的视角对其进行解构，从这个角度看，文本的意义是文本与读者共同创造的，存在于文本与读者的交流过程中。在这种交流过程中存在两种阅读的可能性，一种是被动地消费接受，一种则不再是消费者，而是具有强烈的参与意识，充当文本的生产者，他们不满足于接受话语，而主动寻找文本中的空白与矛盾，发现意义的多重性。

话语是“一种意识形态栖身和抗争的场所”①，这意味着上述交流的过程并非在“真空”中完成，无论是文本意义的建构还是解构，都是在各种话语权力的争斗中进行的。

1949 年后新中国体育发展历史中政治、经济、文化等多种社会权力主体一直在体育领域争夺“意义解释权”。当时中国独特的社会历史环境促使政府将体育纳入政治生活的范畴，体育成为完成思想改造的工具，体育报道文本的建构必须服务于政治宣传。这种对体

① 曾庆香. 新闻叙事学. 中国广播电视出版社，2005：196.

育的工具性的理解使体育报道形成了单一和僵硬的话语模式，此后逐步建立和巩固的举国体制进一步固化了这种模式，使之成为 20 世纪 60—80 年代体育报道叙事中的主旋律。与此同时，经历了思想改造过程的大众对体育的认知同样受到媒体报道的限制，他们大多怀抱“体育强国梦”，对报道也有着相应的阅读期待，因而对报道意义的解读往往是被动的。

70 年代末开始，传媒市场化的逐步推进促使一批非国字号的专业体育媒体诞生，他们不再满足于体育报道的政治一维叙事，试图赋予体育报道更多新闻价值，将体育报道视为一种专业新闻信息产品，使中国体育报道领域首次出现了不一样的声音。在这一阶段，人们对体育作为专业领域的特殊性和规律性有了更深刻的认知，认识到体育的魅力不仅仅在“为国争光”，亦有着对人类力与美极限的追求。

20 世纪 90 年代初，体育职业化和产业化改革的推进，商业体育市场的发展和逐步成熟，使商业力量开始渗入体育报道中，成为构成体育话语权力机制中的重要力量，甚至逐步形成了与政治力量分庭抗礼之势。商业话语中的体育报道以追求经济利益为目标，推行体育消费文化为基本特征，它不仅影响着体育报道的叙述主题，还通过广告买断等各种方式干涉体育报道的叙事机制。当代体育报道中商业话语的畸形膨胀带来了诸多不良的影响，它使报道的娱乐化、情色化特征越来越明显。

在商业力量兴起的同时，来自文化领域的力量对体育报道的影响也在逐步显现，但是由于政治力量和商业力量的双重夹击，这种文化力量对体育报道的影响并没有使更具文化内涵的体育报道成为当下体育报道中的主流。

与此同时，在一个新媒体崛起的时代，人们获取信息和表达观点的渠道越来越多，对报道的接受和解读不再被动。反之，试图以某种话语主导人们对意义的理解可能招致更多元和激烈的话语解构。如2015年刘翔在国际田联钻石联赛上海站赛后正式宣布退役的报道引发的网络争议，主流媒体的话语建构和自媒体平台上民众的话语解构相互碰撞、交织，形成了公共舆论场，使对该话题的讨论从人物个体命运延展到对举国体制和中国体育发展模式的反思。这就促使体育报道从精英话语向草根话语的变迁趋势愈加明显，无论早期的报刊还是电视体育报道，其叙事风格都是精英化的，以训导和单向传播为主，而如今的体育报道则是平民化的，以交流和双向对话为主。网络自媒体的出现使来自网民的个人报道成为有别于传统机构报道的独特类型，打破了专业机构对体育话语的垄断，这意味着除了前述的诸多社会力量之外，来自于个人的草根力量也开始加入体育报道的话语权之争，客观上促进了体育报道领域的“百家争鸣”。

6.3 从报道到叙事：新闻报道研究领域的路径选择

传统的新闻报道研究一直受困于研究路径的狭窄，多停留于“术”的总结层面，而难以上升至“学”的探讨层面，而对报道文本的研究则局限于“内容”加“形式”的描述框架。

本书主要的创新在于借鉴叙事学理论视角，通过对我国体育报道这一专业领域发展历史的研究，将新闻史、新闻理论和专业新闻报道业务研究相融合。运用交叉理论研究新闻报道已经成为当代新闻传播学研究的一种趋势，这为体育报道乃至其他专业新闻领域的业务史研究提供了一种具有学术价值的新的思考方式和研究路径。

将报道作为叙事研究，不仅能从文本的角度对报道的结构做深描，还能将文本意义的建构和解构这一互动过程置入报道研究的视野中，将对新闻报道的研究从单纯的作品特征分析拓展至新闻话语研究的范畴中，并从而将其纳入更为广阔的社会互动关系中进行考量，增加报道研究的学理性和研究价值。

从已有的国内研究看，对新闻叙事的研究虽已起步，但如前所述尚存在一些问题，还有相当多研究甚至连叙事学的基本概念运用尚存在错误之处。从事此领域研究的新闻学者当务之急是理清叙事学的发展脉络、理论与方法，排除简单借用概念研究的想法，真正夯实研究的基础。此外目前的研究还多以文本为主，本书通过借鉴后经典叙事学理论，在对报纸叙事文本做叙事研究的基础上，也对电视和网络的体育报道叙事做分析，以更好地适应当下传媒研究走向以新媒体研究为主导领域的总体发展趋势。可以想见，未来针对视听作品所做的研究比重将逐步提升。

如何运用叙事学理论和方法做专业新闻领域的叙事研究，这个领域的研究还处于起步阶段。虽然本书对之作了探索，但由于考察的历史文本数量庞大，难免挂一漏万，在研究深度上有所欠缺。此领域还有待更多的研究出现与充实。

参考文献

著作

［法］阿尔贝·拉费．电影逻辑，［加］安德烈·戈德罗，［法］弗朗索瓦．什么是电影叙事学．刘云舟，译．商务印书馆，2005.

［美］阿瑟·阿萨·伯格．通俗文化、媒介和日常生活中的叙事．姚媛，译．南京大学出版社，2006.

［加］安德烈·戈德罗，［法］弗朗索瓦．什么是电影叙事学．刘云舟，译．商务印书馆，2005.

［苏］巴赫金．陀思妥耶夫斯基诗学问题．白春仁，顾亚铃，译．三联书店，1988.

［美］布鲁斯·加里森，马克·塞伯加克．体育新闻报道．郝勤，等译．华夏出版社，2002.

曹守和，主编．中国体育通史，第七卷（1993－2005年）．人民体育出版社，2008.

陈霖，陈一．事实的魔方．中国书籍出版社，2011.

陈平原．中国小说叙事模式的转变．上海人民出版社，1988.

陈彤，曾祥雪．新浪之道：门户网站新闻频道的运营．福建人民出版社，2005.

［美］丹尼尔·戴扬，伊莱休·卡茨．媒介事件：历史的现场直播．麻争旗，译．北京广播学院出版社，2000.

［美］戴卫·赫尔曼，主编．新叙事学．马海良，译．北京大学出版社，2002.

［美］道格拉斯·凯尔纳．媒体奇观——当代美国社会文化透视．

史安斌，译．清华大学出版社，2003.

［英］菲尔・安德鲁斯．体育新闻：从入门到精通．周黎明，译．中国人民大学出版社，2010.

傅砚农，主编．中国体育通史，第五卷（1949—1979 年）．人民体育出版社，2008.

何纯．新闻叙事学．岳麓书社，2006.

郝勤．体育新闻学．高等教育出版社，2004.

郝勤，等编著．体育传播论．四川出版集团・四川科学技术出版社，2008.

郝勤，主编．中国体育通史，第六卷（1980—1992 年）．人民体育出版社，2008.

胡春阳．话语分析：传播研究的新路径．复旦大学出版社，2007.

胡涤非．民族主义与近代中国政治变迁．知识产权出版社，2009.

胡亚敏．叙事学．华中师范大学出版社，2004.

胡泳．众声喧哗：网络时代的个人表达与公众讨论．广西师范大学出版社，2008.

姜辉．革命想象与叙事传统．人民出版社，2012.

柯惠新，王兰柱．媒介与奥运（雅典奥运篇）：一个传播效果的实证研究．中国传媒大学出版社，2006.

李彬．中国新闻社会史．清华大学出版社，2008.

李承鹏，刘晓新，吴策力．中国足球内幕．江苏人民出版社，2010.

李辉．中国体育的电视化生存．学林出版社，2007.

［以色列］里蒙・凯南．叙事虚构作品．姚锦清，等译．三联书店，1989.

［美］里亚·格林菲尔德．民族主义：走向现代的五条道路．王春华，等译．上海三联书店，2010.

［美］利奥·洛文塔尔．文学、通俗文化和社会．甘锋，译．中国人民大学出版社，2012.

［德］利奇德．古希腊风化史．常鸣，译．辽宁教育出版社，2000.

［法］罗兰·巴尔特．写作的零度．李幼蒸，译．中国人民大学出版社，2008.

［美］罗纳德·B. 伍兹．体育运动中的社会学问题．田慧，译．人民体育出版社，2011.

马国力．马上开讲：亲历中国体育电视 30 年．中国传媒大学出版社，2012.

马信德．体育新闻学 ABC. 中国新闻出版社，1985.

苗炜．CCTV5 十年纪实：五魁首．上海文艺出版社，2005.

［英］诺曼·费尔克拉夫．话语与社会变迁．殷晓蓉，译．华夏出版社，2003.

聂庆璞．网络叙事学．中国文联出版社，2004.

仇军．西方体育社会学：理论、视点、方法．清华大学出版社，2010.

任志萍，李朝晖．从语篇角度看大众文化语境下的体育新闻．四川大学出版社，2009.

申丹，王丽亚．西方叙事学：经典与后经典．北京大学出版社，2010.

［美］史蒂夫·威尔斯坦．美联社体育新闻报道手册．郑颖，译．中央编译出版社，2004.

谭君超．叙事理论与审美文化．中国社会科学出版社，2002.

唐宏贵．体育概论．人民体育出版社，2007.

体育院校成人教育协作组《运动训练学》教材编写组，编．运动训练学．人民教育出版社，2000.

[荷] 托伊恩·A. 梵·迪克．作为话语的新闻．曾庆香，译，华夏出版社，2003.

王辰瑶．嬗变的新闻——对中国新闻经典报道的叙述学解读．中国传媒大学出版社，2009.

王大中，等主编．体育传播——运动、媒介与社会．中国传媒大学出版社，2006.

王惠生，郭讲用，主编．体育新闻深度报道．中南大学出版社，2008.

王泰来，等编译．叙事美学．重庆出版社，1987.

[美] 西摩·查特曼．故事与话语：小说和电影的叙事结构．徐强，译．中国人民大学出版社，2013.

熊晓正，钟秉枢，主编．新中国体育 60 年．北京体育大学出版社，2010.

许永刚，孙民治．中国竞技体育制度创新．人民体育出版社，2006.

许正林，主编．体育传播学．上海交通大学出版社，2010.

杨弢，姜付高．中西方体育文化比较．社会科学文献出版社，2008.

杨义．中国叙事学．人民出版社，1997.

赵瑜．中国体育三部曲．浙江文艺出版社，2008.

张宏．当代中国体育社会分层理论研究．知识产权出版社，2010.

张珂，等主编．当代体育与大众传媒．中国传媒大学出版社，2011.

张寅德，编选．叙述学研究．中国社会科学出版社，1989.

张自力. 健康传播与社会——百年中国疫病防治话语的变迁. 北京大学医学出版社，2008.

曾庆香. 新闻叙事学. 中国广播电视出版社，2005.

［美］詹姆斯·费伦、彼得·J. 拉比诺维茨，主编. 当代叙事理论指南. 申丹，等译. 北京大学出版社，2007.

郑志强. 中国职业足球发展问题研究——基于历史演进的视角. 线装书局，2010.

中国体育新闻工作者协会. 体育记者谈体育新闻. 人民体育出版社，2006.

周进，主编. 新闻奥运：中国媒体眼中的奥运百年. 中共党史出版社，2008.

Gerard Genette. Narrative Discourse. Cornell University Press, 1980.

Hong, Fan. Sports, Nationalism and Orientalism. Routledge, 2007.

Mieke Bal. Narratology: Introduction to the Theory of Narrative. Second edition. University of Toronto Press, 1997.

Schultz, Brad. Sports Media Reporting, Producing and Planning. Focal Press, 2005.

Steen, Rob. Sports Journalism: A Multimedia Primer. Routledge, 2008.

Teun A. van Dijk. News as Discourse. Lawrence Erlbaum Associates, Inc., Publishers, 1988.

论文

百尺竿头　更进一步——足球创刊一周年献词 // 足球. 1981 - 01 - 06.

蔡之国．新闻叙事学研究框架的构想 // 南通大学学报·社会科学版，2006－07.

崔凌睿．现代体育报道的叙述风格——兼谈“景观—表演”范式 // 新闻世界，2011－07.

陈承．揭秘奥运转播利益链 // 21 世纪经济报道，2012－07－27.

陈昊．贺龙与徐寅生 // 党史纵览，2008（8）.

陈桐生．中国集体主义的历史与现状 // 现代哲学，1999（4）.

丁磊．保守收入超 10 亿：央视世界杯转播账单解密 // 21 世纪经济报道，2010－06－22.

对推动人民体育事业有重大意义　全国足球比赛大会胜利闭幕 //新体育，1952－01.

范洁．奥运，新媒体发力 // 传媒，2008（9）.

管维佳．媒体关注前所未有 // 体坛周报，2007－08－08.

韩瑞峰．活在金牌暗影里的亚军得主 // 体坛周报，2004－08－25.

韩志芳．1978—1996 年我国报纸体育信息传播的体裁变化 // 河北体育学院学报，1999（3）.

郝勤．论体育新闻学的性质特征及学科建设 // 成都体育学院学报，2000（5）.

何纯．关于新闻叙事学研究的构想 // 湘潭大学社会科学学报，2003－07.

何丹．宋世雄：一个国家的体育声音 // 财经时报，2008－08－08.

何智丽临场变卦　焦志敏终生遗憾——女乒让球三宗罪 // 足球·劲体育，2005－09－15.

胡赳赳．我们热爱韩乔生 // 新周刊，2004－09－01.

胡泳．中国政府对互联网的管制 //（台湾）新闻学研究，2010－04.

揭开美国体育界“民主”的幌子　黑人运动员命运悲惨 // 体育报，1959－01－12.

苦练技术就是走“白专道路”吗？// 体育报，1977－04－22.

赖武．南美新冠军巴拉圭队 // 体育报，1980－03－31.

李承鹏．国奥总结莫成手纸 用良心书写“白皮书”// 足球，2004－05－03.

李健．论“明星体育”机制中的传媒叙事策略 // 当代传播，2009（5）.

李升科．追求新时代的体育解说风格：记中央电视台体育节目主持人黄健翔 // 新闻战线，2000（3）.

李艳红．一个“差异人群”的群体素描与社会身份建构：当代城市报纸对“农民工”新闻报道的叙事分析 // 新闻与传播研究，2006，13（2）.

李勇．电视叙事的特征 // 当代传播，2003（12）.

林海国．浅谈电视体育节目中存在的一些问题——兼谈中央电视台体育节目 // 现代传播，1994（6）.

刘小明．迎接第二次高潮——体育报道 10 年谈 // 新闻战线，1991（9）.

刘忠．建国前后中国文学中的英雄叙事 // 学术论坛，2004（4）.

马信德．体育——广阔的报道领域 // 新闻战线，1981（4），（6）.

美国体育界真相 // 新体育，1950（5）.

潘兴．异军突起的体育新闻 // 上海体育学院学报，1988（3）.

齐爱军．论新闻作为一种叙事性的存在 // 现代传播，2006（6）.

齐爱军．关于叙事学理论框架的思考 // 现代传播，2006（4）.

钱康．体育：无情的情色化 // 新世纪周刊，2006－06－09.

冉强辉，林侃．我国电视体育解说员传播素质的研究 // 体育科学，2009（29）．

孙皖宁．传播学研究中的仪式派——暨叙事文文体分析法介绍 //新闻与传播研究，1994（4）．

谈“友谊第一，比赛第二”// 新体育，1973（3）．

王鼎．更高贵的高度——写跳高运动员倪志钦 // 新体育，1972（12）．

王军．众多记者索要签名 费戈被激怒了 // 体坛周报，2003－07－26.

王宏江，任志萍．中国足球新闻暴力叙事分析//武汉体育学院学报，2009（8）．

吴昊．新闻叙事视角与聚焦，对传播效果的影响 // 湘潭师范学院学报（社会科学版），2009（5）．

吴迪．电视体育解说研究——以 CCTV5 部分热点项目解说为例 //体育文化导刊，2012（8）．

吴平．体育语体初探 // 毕节师专学报，1998（2）．

吴效刚．论小说的叙述风格 // 人文杂志，2001（2）．

向体育工作中的资产阶级思想坚决斗争 // 新体育，1952（2）．

熊风水．建国以来我国社会分层机制的嬗变 // 淮北职业技术学院学报，2007，6（1）．

熊晓正，郑国华．我国竞技体育发展模式的形成、演变与重构 //体育科学，2007（10）．

徐梅．黄健翔：我就是行业标准 // 南方人物周刊，2006－07－19.

许建华．论后工业时代商业报刊体育报道的叙事策略 // 求索，2007（10）．

［台湾］许义雄．中国近代民族主义体育思想之特质 //“中华

民国体育学会”体育学报，1990（12）.

许正林，赵文浩．新时期体育传播研究的历史与现状 // 中国传媒报告，2011（3）.

薛文婷，邢学波．论《人民日报》亚运会报道中的亚洲叙事的嬗变 // 北京体育大学学报，2011（11）.

阳明．访问优秀排球运动员黄亨 // 新体育，1956（3）.

严俊君．一个时代的产物 // http：//sports. qq. com/a/20090101/000486. htm，2009－01－01.

严肃反对骄娇二气 // 体育报．1956－09－01：1.

有坚强的战斗意志、有体力和技术就能获得胜利——全国足球比赛·青年足球锦标赛散记 // 新体育，1953－04.

“友谊第一，比赛第二”口号的由来 // 人民政协报，2010－12－02.

一个黑人运动员的遭遇 // 体育报，1960－04－07：4.

叶永烈．何智丽往事真相 // 新民周刊，2007－03－21.

余岱宗．红色经典：主题与叙述——以 20 世纪 50、60 年代革命文学为中心 // 海南师范大学学报（社会科学版），2007（2）.

余琦，程刚．军语在体育新闻中的运用 // 新闻知识，1991（4）.

张名章．战争、江湖、情色：体育新闻的娱乐化叙事 // 新闻知识，2007（8）.

张铁楠，黄若涛．我国体育媒体的产业现状研究 // 现代传播，2009（6）.

赵灵敏．奥运年的中国民族主义 // 南风窗，2008－07－29.

曾繁旭．宋世雄：那一个时代的国家声音 // 南方人物周刊，2006－07－18.

曾照畅．《南方周末》批评性报道的叙事学分析，暨南大学硕士学位论文．2007.

政治好了，技术就能自然而然地上去吗？// 体育报，1977－04－27.

周爱光．对竞技运动概念的再认识 // 中国体育科技，1999，35（6）．

朱竞若．从奥运会报道看我国体育新闻走向 // 新闻实践，1988（12）．

走下神坛的胜利女神　女排 30 年传承下来只剩精神//http：//sports. sohu. com/20111116/n325698293. shtml，2011－11－16.

Bruce Garrison，Michael B. Salwen. Professional Orientations of Sports Journalists：A Study of Associated Press Sports Editors" // Newspaper Research Journal，Fall 1989.

Marie Hardin，Julie E. Dodd，Kimberly Lauffer. Passing It On：The Reinforcement of Male Hegemony in Sports Journalism Textbooks // Mass Communication & Society，2006，9（4）．

Dana E. Mastro，Erin Blecha，Anita Atwell Seate. Characterizations of Criminal Athletes：A Systematic Examination of Sports News Depictions of Race and Crime // Journal of Broadcasting & Electronic Media，2011，55（4）．

Thomas P. Oates，John Pauly. Sports Journalism as Moral and Ethical Discourse // Journal of Mass Ethics，2007，22（4）．

Jenefer Robinson. General and Individual Style in Literature // The Journal of Aesthetics and Art Criticism. Winter，1984，43（2）．

Michael Serazio. When the Sportswriters Go Marching In：Sports Journalism，Collective Trauma and Memory Metaphors // Critical Studies in Media Communication，2010.

Cathy Strong. Female Journalists shun sports reporting：lack of opportunity or lack of attractiveness？// Communication Journal of New

Zealand, 2007.

Wulfemeyer, K Tim. Ethics in Sports Journalism: Tighteninq Up the Code // Journal of Mass Media Ethics, Fall / Winter 1985 – 1986, 1 (1).

后　记

这本书是在我的博士论文基础上修订、补充而成的。当初在确定这一选题时，主要源自自己长期以来对体育报道的喜爱。作为一个资深体育迷，幼年时期我就开始观看电视台每周一期的《世界体育》、《体坛集锦》以及当时难得一见的足球比赛直播；大学时期在《南方体育》、新华社、CCTV5 等媒体兼职体育报道记者；如今在北京外国语大学国际新闻与传播学院任教期间也开设了“体育新闻报道”课程。然而，深入选题后发现要对 1949 年新中国成立以来的体育报道历史做全面的回顾且突破传统新闻传播学的视角对此做出细致的观察，这并不是一件容易的事。

感谢我的导师徐泓女士。她的独立正直、睿智犀利以及干练洒脱让我领略了真正的学者风采和大家风范，熏陶渐染之中我受益匪浅。她的真知灼见帮助我找到研究方向，并最终完成了此项研究。

感谢北京大学新闻与传播学院的诸位可亲可敬的师长，你们在课上、课下无私的教导给了我丰富的学术给养和开阔的学术视野。

感谢我质朴、善良的双方父母，他们教会了我怎样做人，怎样在纷繁世界中安身立命。他们的信任、鼓励和慰藉每每在我困顿、踌躇甚至消沉之时如明灯照亮前方道路，助我抖擞精神，重新上路。感谢我的姥姥，从我呱呱落地之时便用她的关爱呵护我的成长，在我攻读博士学位期间，她虽已白发皤然却仍关心鼓励着我在求学道路上不断探索。能完成此书是对他们最好的回报。

感谢我的妻子。关于学术话题的讨论和争执已成为我们家庭生活的重要组成部分，她的学术灵感，严谨的学术态度以及出众的研究能力时常令我汗颜。感谢她帮助我克服一个又一个学术难关，感谢她的耐心和关爱，帮我摆脱情绪波动和浮躁，人生得此爱人足矣。

感谢国家图书馆，北京大学图书馆和北京外国语大学图书馆，在那里我找到了建国初期珍贵的体育报纸、杂志，现代化的阅读条件和和蔼的图书馆管理员让那个搜集资料的酷夏不再难熬。

感谢我的同学、挚友和师长，你们的帮助和时不时的问候都鼓励着我为了理想奋斗不已。

感谢世界知识出版社和编辑柏英让我的拙作得以付梓，柏编辑的细心和耐心令人印象深刻，她帮助我战胜了自己的拖延症。

最后感谢自己兑现了承诺，在学术的金字塔上又攀升了一步。登高而望远，希望我的视野和知识能够给我的学生带来更多的收获，能做到这些，我便满足了。

2015 年 5 月于畅茜园家中